幼兒動作 與 舞蹈教育

Movement and Dance in Early Childhood

Mollie Davies 著

劉淑英 譯

Movement and Dance in Early Childhood

Second Edition

Mollie Davies

目錄

幼兒動作與舞蹈教育

Movement and Dance in Early Childhood

作者簡介

Mollie Davies

在 Mollie Davies 博士的專業生涯中，有兩種主要的興趣：兒童教育與舞蹈，此雙重領域的理論與實務之結合，影響她持續的教學與研究。

她早年在公私立的單位任教，主要教四到十八歲的舞蹈課程。隨後她在 Addlestone 的動作藝術工作室和 Rudolf Laban、Lisa Ullman、Marion North、Betty Redfern 和 Valerie（譯者按：這些都是影響世界的舞蹈教育家）工作兩年，她在此工作室發現了她的動作觀察興趣，此亦成為她工作的關鍵特色。繼而 Mollie Davies 被聘任到福祿貝爾（Froebel）學院（為現今 Roehampton 大學）擔任若干職務，包括：舞蹈系系主任、學務長、大學委員會主席和評議會理事，除此之外，她亦創辦了倫敦大學與 Surrey 大學的舞蹈系。

當在 Roehampton 大學時，Mollie Davies 從事若干學院與藝術活動，擔任 "Orchesis Group" 的協同指導長達十年，舞者們到英國的學校與大學巡迴演出，此團體被公認是第一個教育舞蹈的推廣團隊。她於 1976 年以幼兒動作與認知發展的研究獲得倫敦大學哲學博士，1985 年 Davies 博士創立國際兒童舞蹈協會的英國分會（daCi UK），她擔任了十年的主席，爾後成為世界主席。1990 年她因對舞蹈教育的服務貢獻而獲頒英皇帝國勳章（MBE），1999 年被推崇為英國國家舞蹈教師協會（National Dance Teachers Association）的名譽會員。

Davies 博士從 Roehampton 大學退休以後，成為英國皇家舞蹈學院的學術顧問，並和 Susan Danby 博士合作創設古典芭蕾藝術與教學學士，以及芭蕾與脈絡研究哲學學士兩種學位，這都在 Durham 大學被承認，為表彰

此貢獻而頒給她英國皇家舞蹈學院研究員（FRAD）的榮譽。

　　從 1994 年起，Davies 博士擔任 Doreen Bird 學院的舞蹈、音樂與劇場演出的學術顧問，並成立學系，由她擔任董事會的 Greenwich 大學所承認。她近期的著作為 2003 年出版的 *Movement and Dance in Early Childhood*《幼兒動作與舞蹈教育》（即本書），2005 年以她為名的 Davies Building 正式啟用，這個舞蹈與體育的綜合建築物，是一種榮耀她生涯中於 Roehampton 大學的付出與貢獻。

譯者簡介

劉淑英

　　台北藝術大學舞蹈系第一屆主修編舞（指導教授羅曼菲），美國 UCLA 舞蹈藝術碩士（MFA）主修編舞，英國 Roehampton 大學舞蹈教育學哲學博士（Ph. D.）。現為國立新竹教育大學幼兒教育學系專任副教授以及其幼兒劇藝術總監，曾於美國、英國、澳門與葡萄牙各地教學。

　　曾為雲門舞集舞者與編舞者、太古踏舞團創團舞者、流浪舞者工作群創辦人與藝術總監，五度入選於國家戲劇院實驗劇場演出，三支作品榮獲文化建設委員會編舞首獎，連續三年代表 UCLA 赴美國學院舞蹈節發表，並獲美國舞蹈節（ADF）青年藝術家獎學金、教育部公費留學獎學金與英國 Roehampton 大學國際學者獎學金。為首屆亞洲青年編舞家工作營臺灣代表，亦參與社區總體營造任玉米田劇坊與竹塹舞人藝術指導，以及勵馨基金會等公益團體慈善演出；另於台北民族舞團、羅曼菲舞展、青訪團、綠光劇團、鞋子兒童劇團、九歌兒童劇團、美國舞蹈節、香港、英國以及加拿大等地發表創作作品逾二十五年。

　　曾任《臺灣舞蹈雜誌》專題企畫與特約撰稿、《新幼教雜誌》執行編輯、教育部幼兒園輔導計畫教授，並為《台灣舞蹈研究》期刊第七期主編，2012 年 daCi/WDA 世界舞蹈論壇論文集共同主編。出版著作包括：

劉淑英（譯）（1998）。幼兒動作探索。台北市：華騰。

劉淑英等（1998）。藝術教育教師手冊──幼兒舞蹈篇。台北市：國立臺灣藝術教育館。

劉淑英等（1999）。藝術教育教師手冊──國小舞蹈篇。台北市：國立臺灣藝術教育館。

劉淑英（總校閱）（2007）。迎戰舞蹈教育的秘訣。台北市：華騰。

劉淑英（總校閱）（2008）。舞蹈與統整性藝術課程設計——101 動作歷險記。台北市：華騰。

Liu, S-Y. (2008). Transferable theory: Researching movement concepts in different cultural contexts. In S. B. Shapiro (Ed.), *Dance in a world of change: Reflection on globalization and cultural difference* (pp. 181-205). Champaign, IL: HumanKinetics.

譯者簡介

致中文版讀者序

　　我很高興我的書被翻譯成中文，特別開心的是讓劉淑英來完成，我極為敬佩她對於幼兒的知識與理解。我第一次和劉淑英認識是在Roehampton大學的福祿貝爾學院教育學系，當時她是那裡的博士生，她問我是否可以和我談我的新書《幼兒動作和舞蹈教育》，我們馬上建立了一種密切的關係，隨即就擔任她的博士研究之協同指導教授。

　　在她的研究計畫中，我們進行許多極好的討論，並分享我們喜愛的幼兒舞動方式，以及關心他們在做中發展所有學習的面向。她的論文中運用協同合作的方法是有趣的要素，我特別被她的研究中透過幼兒素描與繪畫的良好建檔方式深深感動。

　　我和劉淑英分享了在我的著作中所提出的普遍性動作關鍵概念，我期待這個譯本會被教育家、老師和父母親們喜愛，並能運用在此所寫的去連結她／他們自己特定的情境。

Mollie Davies
哲學博士、英皇帝國勳章
以及英國皇家舞蹈學院研究員
2009 年 1 月

前言

　　Mollie Davies 博士在動作和舞蹈教學領域中極為出色，且博學精深的研究在國際間享富盛名。她影響了許多和她一同工作的大人和小孩，而且她對舞蹈教育的服務貢獻獲得了英皇帝國勳章以及英國皇家芭蕾舞蹈學院研究員的榮譽。

　　在這本獨特且具開創性的書中，基於出生到八歲孩子的動作和舞蹈發展，表現出她對孩子的喜愛以及知識深度和實務經驗，幫助他們在廣泛動作導向活動中變得熟練並具有創意以及想像力。她在實務方面協助幼教工作者和父母親，用清晰且易懂的書寫風格來分享她深植於理論的理解。

　　在第二版的書中（編按：本書為原文書第二版），她依據孩子如何在動作中以及透過動作來學習的近期研究來更新與延伸內容，並有兩個章節關注在舞蹈上。第一是給予和孩子一同活動的建議，第二則是提議孩子的動作表達和藝術觀點，可以適當地定位在「關於大人和出生到三歲孩子一同活動的實際架構」、「基礎階段」，以及關鍵階段一和二。這兩章如同其他章節，強調理論和實務運用之間的關係。

Tina Bruce

本系列書籍主編

2002 年 9 月

謝　誌

　　給所有在我不同教育生涯時期的工作同仁們，我很感謝你們多年來和我分享所發生的一切，以及給予我無數的機會提供我寫作的題材。當然，也感謝那些孩子們，他們的動作讓我持續感到興趣與愉悅。

　　在我從事的教育和研究中，兩所機構的參與扮演重要的部分。第一個是拉邦藝術動作工作室（Laban Art of Movement Studio）（目前稱為拉邦），是我迷戀上人類動作領域的啟蒙地點。我十分感激魯道夫‧拉邦（Rudolf Laban）、Lisa Ullman 以及許多老師，尤其是 Marion North 博士，曾獲英皇帝國官佐勳章（OBE），她教了我許多關於動作觀察的理論和實作，以及它在人格評量上的重要性。我在拉邦工作室得到的經驗之後，緊接著是在福祿貝爾學院時期，而在這裡我感謝的是當時大學的校長 Molly Brearley，曾獲英皇帝國司令勳章（CBE），以及 Chris Athey 教育學碩士（MEd），她是作家、前首席講師以及 Leverhulme 研究員。她獨到的方法幫助我理解到有許多方式可以讓幼兒學習。

　　感謝允許我替孩子照相與記錄他們活動和對話的父母親、老師和朋友們，以及那些幫我替他們孩子照相的父母親。他們的興趣、好奇心和慷慨是支持我的重要來源。我希望將來他們讀到我所寫下的，以及他們孩子的相片，他們將會了解他們做了如此大的貢獻。我特別要感謝 Terry Kane 在第一版以及第二版封面攝影方面的貢獻，感謝 Niki Sianni 的相片「母親和學步的孩子」，以及感謝 Catherine Ashmore 讓我取得 Hannah 的相片。我非常感激 Graeme Orrick，他花了許多時間製作關於拉邦研究的圖表，雖然我的需求量相當多，而他的回應總是慷慨且豐富。我想對劉淑英表達我的

感謝，提供她在台灣研究中所使用的圖片。我非常感激 Susan Danby 博士仔細地閱讀手稿，還有謝謝她非常有建設性的評論，以及分享我的興趣。我誠摯地感謝 Jean Jarrell 不斷地幫助我，讓我能夠詳述心中的每個想法，並將它們帶入議題。

委任編輯 Marianne Lagrange 和助理編輯 Saleha Nessa，以及所有 Sage 的出版團隊給予我在寫作過程中珍貴的指導，我對他們對本書的興趣與投注給予高度的評價。

最後，我要感激 Tina Bruce 教授——我的系列主編在第二版的寫作過程中不斷地給予我幫助。她分享了我所喜愛以及感到好奇的，並且延伸我的想法。我最感謝她給我的鼓勵以及和善的指導，再次謝謝她對我的信任。

零至八歲系列的前言

零至八歲系列已經過了時間的考驗，並仍以幼教為核心重點。幼教工作者欣賞這些書，除了非常實用的原因以外，此系列還呈現對於和幼兒一同活動的整體方法，以此肯定和家人與他們社區間親密陪伴的價值。這是以證據為基礎，用一種容易理解的方式所發展的理論和研究。

目前已修訂且更新的零至八歲系列持續處理幼教的主題，這些一直是父母親、幼教工作者和孩子自己所關切和感興趣的。自 1989 年開始，孩子們的聲音一直被教育的壓制所掩蓋。每位作者在他的專業領域上都有重大的貢獻，在孩子、家庭、社群、學校和其他幼教的場域中，將孩子的發展和實際經驗運用在這些背景之中。這一系列不斷將孩子的興趣和需求放在一個核心的位置，強調幼兒發展和學習社會文化之間的關係，這種生理和頭腦發展是緊密連結的。如果要讓孩子有效地成長和學習，那麼傾聽孩子的聲音是很重要的，而且假如有大人的協助去學習（教導他們），將會有助於他們的活動。

對於溝通、動作、遊戲、自尊和彼此之間了解的基礎過程，就像是在象徵性層級的發展（學習舞蹈、閱讀、寫作、數學代號、樂譜、繪畫和模型），那些喜愛且肯花時間陪孩子的大人會為此著迷，並從不停息。在同系列的書中，有一些是著重於這些發展和學習的過程，用一種普遍的方式探討孩子和他們所處的脈絡，並以實例說明。其他的書則是以某個特定角度關注個別孩子所處社群的狀況，有一些強調豐富的肢體和文化供應的重要性，以及室內和戶外環境活動時要注意的事項，還有大人如何與孩子互動。

作為此系列書的主編，我很高興向新讀者群推介這套零至八歲系列的書。在舊版中曾對孩子自四歲開始的識字教育的一貫做法提出反

對意見，也曾對缺乏多樣性、多種語言、想像和創意思維等以成人主導的學習形式提出不認同的意見；然而，在新版的系列書內，則是以建設性的建議取代過去的反對和批評的內容，同時加入了更多受人認同的主張，新版經過修訂和增補後，內文以報告和指示方式激發和鼓勵下一世代的幼教專業人員繼續堅持正在進行的重要工作。

　　我期待零至八歲系列的書在今後十年不斷發揮影響力。

Tina Bruce

倫敦都會大學

2001 年 10 月

譯者序

　　二十七年前（1982 年）開始擔任幼稚園的舞蹈老師，常常要帶領上百位幼兒一起跳舞，由於不懂幼兒動作的特質，努力教著自己編的舞蹈動作，通常以疲累與挫敗收場，成為幼教的逃兵，而專心致力於舞蹈的專業創作與推廣。十五年前，自己肚子裡的那塊會心跳的肉，蹦出一個手腳靈活且創意十足的娃娃，這個小生命讓我重新認識幼兒的動作與舞蹈發展的巧妙。尤其在新竹師範學院（現為新竹教育大學）的同仁與幼教先進引導下，以及和許多幼教教師的互動學習與切磋中，逐漸發現這看似簡單卻深奧的幼兒動作與舞蹈教育天地；亦有鑑於國內此領域知識的困乏，所以 2001 年到英國福祿貝爾學院繼續進修博士，針對幼教創造性舞蹈課程與教學的發展進行研究。

　　因為早已拜讀過 Mollie Davies 博士於 1995 年第一版的著作，很高興在知道這位國際知名的英國幼教舞蹈學者即將改寫與發展她的第二版，請教之餘，她也一見如故地分享許多深入的想法，並向我邀約我於台灣的研究成果，收納在這個新版本中，她真的就是我多年夢寐以求的良師。尤其是 Mollie Davies 博士擔任我的協同指導教授後，長期的討論關係以及細讀她的學理與分析，更加強我要將此書翻譯成中文版的決心。

　　《幼兒動作與舞蹈教育》中譯本的形成與出版，需要特別感謝心理出版社和林敬堯總編輯的協助，與高碧嶸小姐的細心編輯，以及和我逐字推敲譯詞與協助打字製圖的姪女龍姵晴，還有在文字理解與修辭提供建議的程宜莉、張重文、楊立欣老師與許玉美園長。本書主要是提供給中文讀者對於幼教動作理論概念與實務運用方面的參考，敬請各界先進給予指教，亦期待此有系統的學理與實例經驗，能激發國內對於幼兒動作與舞蹈教育的重視與深入發展。

劉淑英

英國 Roehampton 大學舞蹈教育學哲學博士

國立新竹教育大學幼教系副教授

2009 年 1 月

幼兒動作與舞蹈教育 Movement and Dance in Early Childhood

導論

　　自從這本書在七年前初次發行以來，經過了許多改變。在幼教文獻方面有許多重要的出版品，而且對於幼兒理解以及他們所生活和學習的多元脈絡方面也因此有所增加。在國家課程（National Curriculum）中為五至十一歲學童的設計全面開始運作，而且首次將基礎階段（Foundation Stage）放入法律規定中。

　　對我而言，第二版代表「第二次機會」。一個可以複習概念和再訪孩子的機會，以期更深入的閱讀來發現新事物，以及試圖將概括轉化為具體的表述，將問題轉化為機會。我也能夠將這個橫跨全球的觀點延伸至英國以外，像是在芬蘭、法國、德國、波多黎各和台灣的孩子。

　　事實上，這本書是關於動作在幼兒生活中扮演著多方面的角色。它探索動作的本質和功能是他們所做、所想、所感受的核心部分，而且強調自在的快樂和感受，這是當他們透過協助而增加最大限度的肢體潛能所體驗到的。主張大人的注意力要放在孩子的動作發展上，這是他們顯著的學習過程，在生命的最初始就已經很需要了。它不只是關於如何做出良好協調且流暢的肢體動作，也因為動作的情感和思想發展扮演了意義深遠的角色，在其中還包含相當可觀的重要性。

　　本書的中心是第一章所呈現的動作架構，會滲透在文章的內容中，每個章節設定不同的概念，強調不同的重點。然而，當然像動作這些概念在其他章節也有一定的定位。在此再次的評價中，我屢次將動作視為「虛擬的」七巧板拼圖，這一片片可以相符、有變化且緊密地結合，來呈現出每個孩子的獨特性。

　　發現他們可以透過動作發展思緒、表達和社交能力，此時的角色就是一個初期階段的表演者、創造者和觀賞者。這些角色在體能、智

能和表達的意涵，會在法定教育中有更進一步的發展，對於在基礎階段和關鍵階段一和二是值得被提出、辯論和反思的一項議題。

　　透過相片的圖解來介紹文章內容，因為人類動作短暫且瞬間的本質，在特定的場所就「變成」文章的內容。藉由分類，這些上下文例子之目的嵌入引導方針是為了形成步驟和實作，來尋求最適合特定情境的方法與手段。任何一項特定的使用必須透過相關大人的決定，不只是專門為了孩子，也是為了照顧、養育和教育他們的人。

幼兒動作與舞蹈教育 Movement and Dance in Early Childhood

什麼是動作？

> 我們發現關於生命的一切事物都是透過動作探究而來的。光波傳
> 到眼睛，聲波傳到耳朵，嗅覺和味覺都跟動作相關聯。以上所提，
> 都是透過我們碰觸和移動的能力去獲得更多的經驗，來確定我們
> 的覺知。
>
> （Hodgson, 2001: 172）

　　這個章節提供了一個理論的架構作為參考點或是教學輔助，並在本書
的後續章節中闡述許多兒童活動的例子，也提供一個關於在幼兒教育中作
為思考、支持、豐富和記錄兒童動作的方法。

　　動作在人體運作中之不可分割性，這也是它為何總是無法在兒童發展
上受到應得認可的理由之一。因為如此容易被忽視，所以直到發現動作在
某些方面無法正常運作或是無力時，才知道這是教育上值得注意的現象，
例如：自我中心主義、憂鬱、注意力不集中、過動失調、腦性麻痺或情緒
波動。在英國和其他地方提供的一些舞蹈動作治療研究所，在他們的訓練
中包含診斷和治療的工具。漸漸地，舞蹈和動作結合藝術、戲劇和音樂治
療，企圖修正並提升生活品質。在治療學的脈絡中，非語言的肢體溝通「會
結合其他研究精粹出優質的方法以及測量其中變化」，這是眾所皆知的
（Bartenieff, 1980: viii）。

　　當歡迎此治療領域進展的同時，我相信對所有兒童的成長、發展和教
育來說，動作也扮演了相當重要的角色。不過，因為幼兒的動作被視為他
們日常生活的一部分，危險的是把它當作理所當然，而忽略它在教育制度
上的重要性。那些動作顯然與幼保和幼教相關，也許會被視為無須去分類
和分析。相對地，一旦發現孩子第一次萌發的閱讀能力就必須從旁協助；

積極尋求資源、方法和程序，並和家庭成員間有充足的討論。同樣地，當發現孩子對算術有興趣時，父母是第一個參與幼兒辨別較大／較小、較高／較矮時期的人。即使父母和幼教工作者對這些領域沒有細緻的知識，也能領悟出它的重要性，並尋求和提供這階段有助於學習的素材和經驗。

　　就動作而言也一樣，那些重要的成就常被彰顯與珍視，同時被得意地討論著。在相本和家族光碟收藏室中，充滿了記載這些早期不穩的學步、挖泥沙、踢球，和沒有任何人幫忙的游泳畫面。但是這個相似點逐漸消失了。雖然常有在公園、遊樂園和花園這類以動作為取向的場域，但是有時候大人「意識到」（sense），需要幫助小孩開啟、鞏固或促進他們的動作活動，然而有時這個看似寶貴和成功的意識，都必須與較大的知識背景有關。假如父母和幼教工作者能熟知地運作，就可以將此意識更延展擴大。如果他們認為動作對孩子的經驗是很重要的區塊，而且需要負起責任，那麼他們得了解動作是什麼構成的，就像他們必須知道其他所供應的學習領域。

　　最具挑戰的是去找到一個能夠充分證明與幼兒相關並具變通性的模式，可運用在幼兒的不同情況中：一個模式或是架構建立出基本的原則，但是不只是顧及所供應的規定，也要在具有目標和創意的脈絡中延伸學習。在本書中運用的架構，是由魯道夫‧拉邦於 1948、1966 和 1980 年所奠基的理論為基礎，並和以下那些發展拉邦理論的舞蹈學者觀點結合：Bartenieff（1980）、Lamb（1965）、North（1972）、Preston（1963）、Preston-Dunlop（1998）、Redfern（1973）、Russell（1965），還有 Ullmann 在拉邦去世後仍承續著發揚他的著作。拉邦成就非凡的一生，以其投注在動作研究的多種理論並和實際脈絡運用結合，到如今拉邦的研究發現依然是最貼切和相當有效的。如同 Hodgson（2001: 55）所寫：

　　拉邦有很多著作和理論形成我們對動作認知的基石，亦常常被人
　　們視為現今通用的信念。

　　也許是因為他的引導原則回應了現今教育上的理論權威，這個觀點也滲入我的想法。拉邦並沒有創造一個「單一且唯獨」的模式，反而是啟發別人去吸收，且在這麼多領域裡發展他努力的原則。Preston-Dunlop（1998：封面）是研究拉邦的學者，她寫道：

> 他的觀點不只在舞蹈上，並在戲劇和演出上，以及在非語言的溝通研究、人類工程學、教育理論和兒童發展、個性評量和精神療法也都有創新。

她的結論是（ibid.: 269）：

> 如今他（拉邦）的概念是非常生動且適切與修飾過的，並發展與伴隨二十一世紀所需要和要求的。

動作的理論架構

　　人類的動作不只對人種而言是獨特的，在每個個體裡也是獨特的。了解且辨識這個人獨特的複雜性，第一步是必須建立個人動作活力的共同起源。「肢體是行動的工具」是動作分類的核心。提供在遊戲方面表徵與形式的工具，有三個重要相關聯的類型：

- 此工具如何移動有關的「動力」。
- 肢體所處並且有關使用「空間」的方法。
- 識別肢體部位的活動方式，以及人與物體間互動的「關係」。

幼兒動作與舞蹈教育
Movement and Dance in Early Childhood

肢體
　　行動
　　設計
　　清晰度
　　形狀
　　流暢

動力
　　重心
　　空間（質性的）
　　時間
　　力流

空間
　　尺寸
　　伸展
　　區位
　　水平向
　　方向
　　路徑和樣式型態

關係
　　肢體與自己的關係
　　肢體與物體的關係
　　肢體與他人的關係

圖 1　零至八歲孩子一般動作的分類

肢體：什麼在動

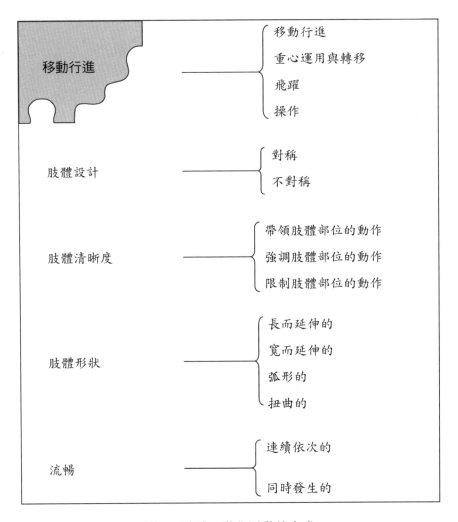

移動行進		移動行進
		重心運用與轉移
		飛躍
		操作
肢體設計		對稱
		不對稱
肢體清晰度		帶領肢體部位的動作
		強調肢體部位的動作
		限制肢體部位的動作
肢體形狀		長而延伸的
		寬而延伸的
		弧形的
		扭曲的
流暢		連續依次的
		同時發生的

圖 2　肢體：動作活動的方式

在行動中的肢體

移動中的肢體是在所有動作活動中一個重要的部分，不論是在家、在遊戲場、在超級市場、在幼教場域或是學校中自發或反應具結構性的狀況。這些行動基模是透過愈來愈多單獨和相連結動作的動力與空間之使用產生。孩子在多樣的動作處境中，逐漸變得有能力和多才多藝。

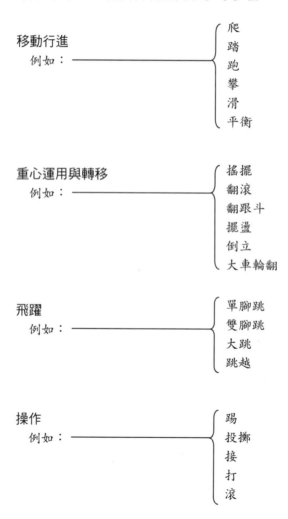

移動行進
例如：

- 爬
- 踏
- 跑
- 攀
- 滑
- 平衡

重心運用與轉移
例如：

- 搖擺
- 翻滾
- 翻跟斗
- 擺盪
- 倒立
- 大車輪翻

飛躍
例如：

- 單腳跳
- 雙腳跳
- 大跳
- 跳越

操作
例如：

- 踢
- 投擲
- 接
- 打
- 滾

圖 3　在行動中的肢體

起先，嬰兒的行動被限制在他們所處之地，而他們接觸的人也相對地限制其空間。伸展、抓取、吸吮、扭動和踢，是在前幾個月內最主要的特徵。一旦他們變得更加獨立地移動，他們便能夠在先前不適於他們的空間中投注動作。嬰兒拖曳和爬行的活動發展成多種移動行為，象徵著幼兒從這移動到另一個地方遊戲的典型。

　　有時孩子喜歡待在小型袋狀般的空間中，並探索能支撐或者載運他們重量的動作。他們搖晃、滾過去和上下顛倒翻轉，而且在所有這些活動中面對他們世界不同的觀點。當他們蒐集且發展一個型態比較複雜的行動基模時，他們的視野經驗會更寬廣。在《基礎階段課程指標》（*Curriculum Guidance for the Foundation Stage*）中提到，引起孩子用不同的角度看事情的重要性，例如：在攀緣架的頂端、隧道裡或箱子底下（QCA, 2000: 102）。

　　靈巧的動作，包括手握物體，像是丟、踢和抓這些幼兒「競賽遊戲」（games play）的特徵，也有他們早期動作的根源。從嬰兒的抓握和放開鈴環，到八歲時期表現的熟練投和接，這代表另一種重要的動作類型，孩子逐漸增加他們的技能。

　　克服地心引力和飛行是所有孩子都喜愛的，而且有些從他們生命中第一階段開始，還持續到以後的學習。在他們能做到從樓梯、路邊石頭或椅子上離開跳下來和讓他們自己空降之前，事實上是意指從椅子上掉落下來而非跳下來。雖然在此階段他們似乎還未達成，然而孩子正在體會那活動的感覺。有人幫助的跳躍或者大人願意參與遊戲的情況，是一種飛行的感覺，這是在任何活動發展中非常重要的體驗。

　　父母和幼教工作者會立刻想到他們的孩子表現出來的一些動作，特別是那些時常重複和已經變成目前的最愛，他們也能夠想起一些其中隨著時間過去的方法。例如：當一個轉動成了一個旋轉，當一次跳躍源自於跑的時候，以及當跳躍夠持久以至於能夠像相片 1 所顯示在空中做出形狀或者空轉。肢體動態是動作中重要的組成部分，對幼兒更是如此。肢體活動的特定例子將會在接下來的內容中探討。

相片 1　在空中旋轉：同時做兩個動作

肢體設計

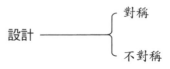

圖 4　完美的肢體設計

　　就一般大眾而言，包括孩子本身，會逐漸設計有意識的動作。設計者為衣服、手機和玩具的商標建立了穩固的指標性聲望。在專業的舞蹈和運動世界中，為人體的特色而設計的多種運動和藝術的成就，被逼真地記錄下來，許多似乎是去挑戰那個出乎意料的極限。其中的一些是如此儡人心

魄的表現，很難記得那是根基於在新生兒的肢體之中——如此的潛能是仰賴教育和保育者的雙手孕育而成。

透過自然結構和數字的四肢安排，在人體結構上，最初嬰兒的肢體通常呈現對稱性。雖然在早期所熟悉的活動方式強調肢體從一邊活動到另一邊，常常與不對稱的利用有關。除了幼兒早期反射性搖晃和拍打的動作以外，強調兩邊肢體相同的對稱性通常與均等有關，而且包括控制和平衡的特點。對稱的例子有搖擺、手和腿的兩面用力，一個蹲低的位置接近地面，就像幼兒時常採用的姿勢，或是八歲小孩所喜愛的翻筋斗。

不對稱的動作被視為強調肢體的一邊更勝於另一邊，以及缺乏兩邊之間的同等性。這和與具對稱性的平衡動作相反，不對稱的特點是失去平衡和不受限制的動作，並有「持續進行中的」趨勢。像早期丟擲的行為，這樣的特定動作活動需要適當的肢體設計，但除了這些之外，孩子和成人通常都有雙邊或單邊運用的自然偏好。去看一下在聽故事、用餐或是觀看戲劇表演的孩子們，就會清楚地看出他們的偏好。

肢體清晰度

圖 5　清晰的肢體

一個良好清晰的肢體能強調肢體一部位或某些部位的運用。這會像我們的頭一樣，帶領動作當「身為一架飛機」或者手先著地的倒立姿勢。肢體的些許部位占有重要的角色，像是強調揮手或是跳踢躂舞的腳。重視肢體部位的不同用途對早期孩子的學習是自然的，這對熟練和富有創造力的表現也是非常重要的經驗。因此，這也是肢體部位的限制中，孩子時常使

用超過他們自己負擔的方法。像是特別喜歡「不用手」的活動，在相片 2
為我們說明，顯示出七歲的 Charlotte 坐在翹翹板上玩得非常開心。

相片 2　肢體自主的限制：不用手

肢體形狀

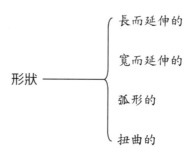

圖 6　肢體能夠做出各式各樣的形狀

肢體的形狀關乎維持姿勢時肢體的形式，而其中這四個是在孩子的動作表現中顯而易見的。

　　第一個形狀是長而且延伸的，強調一個方向的運用。它著重在肢體部位的長度呈一直線伸長和窄小的效果。當孩子鑽過空心的管狀物、玩降落傘、跳水、嘗試籃網球或者籃球投射，或直接站直，我們可以很清楚地看到這形狀。相片3，兩歲半的Eleanor正在回應所給的指令，盡她可能伸展到最高。當她這樣做時，她的肢體變得窄又長，貫穿向上的空間。

相片 3　形狀瘦長的肢體

第二種肢體的形狀也是延伸，但這次是寬度方面。當手臂和腿向旁邊伸展，延伸離開肢體中心和製造四肢之間的緊繃，二度空間的動作自然趨向這形狀表現。一開始，孩子喜歡做二度空間的星星形狀，如 Lucy 和她的母親在相片 4 所示。有時這形狀被用來指示「表現大的」，或者形成一個障礙阻止某人或某事物的通行。

星星形狀的跳躍很快成為孩子喜愛的活動，而且時常見到，像較年長的孩子從牆壁、樹、器具跳下或跳入游泳池。以游泳的動作來說，星形狀

相片 4　寬且延伸：母親和女兒一同做出二度空間的肢體形狀

的二度空間動作強調像孩子俯身游泳進入水中。像翻筋斗這樣比較複雜的活動呈現一個運動中的星形畫面，當肢體翻轉，肢體從手到手、腳到腳不間斷地移動重心。它也符合表達動作的象徵作用。水平的星形狀旋轉可能出現在橫翻筋斗（catherine wheel）或陀螺舞（spinning-top dance），或是表現只是讓自己滿足的繞圈圈動作。

第三種肢體形狀有三度空間的特性，本質上圓的、蜷曲背脊且四肢末端相觸或幾乎相觸，常在翻滾的活動中出現。彎曲有時可能往相反的方向，藉由頭的背面和腳後跟形成弧形。這是一個生長和發展較後階段的形狀，構成運動或特技表演活動的一部分，如我們所見到的向後跳水、「螃蟹走路」或撐竿跳。以藝術的角度，當代和古典舞者都常用到這個動作。

肢體形狀中的最後一個是扭轉，肢體的不同部位彼此拉扯大約使用一個或更多的軸。它多使用於七、八歲的舞蹈和戲劇性表演中，並與自然環境方面結合，像是扭曲的樹、男巫、海底怪物，和其他的虛構生物。幼小的肢體轉進轉出扶手、小的空間，和幾乎不可能的間隙，彎彎曲曲的方式中也將這種特別的肢體形狀完美展示。

肢體流暢度

流暢 ────── 連續依次的動作

　　　　　　 同時發生的動作

圖 7　肢體有自然的流暢度

在連續的動作方面，肢體部位一個個像波浪、扯裂一樣的活動。如此的動作有流動性，而且有助於連續性發展。可在早期嬰兒扭動中看到，而之後在幼兒的動作方面，客觀地說，他們抓住一個低低掛著的樹枝，開始運用他們的腳，藉著膝、臀部、脊椎和頭的使用，移動他們的肢體至另一邊平衡。換句話說，同步動作發生在整個或部分的肢體同時移動的狀況。

在這同步動作中所隱含的「共同」（togetherness），呈現在所有的動作中，從開始的那一刻起到段落的結束。一個明顯的例子是，當嬰兒把自己整個肢體收縮到中心時，也許是痛苦或高興的，像是創造一個小的球。在另一個年齡層的尾端，我們見到七、八歲的孩子有超級聯賽運動員架式，為了「安全上壘」而將他們的肢體拋出去。

動力：如何做動作

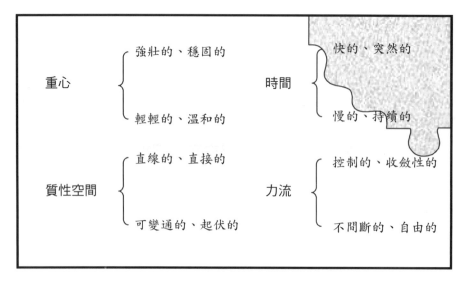

圖 8　肢體充滿活力和律動的動作

　　人類所有活動是動態且有節奏地被掌管和組成，如同人類生活中的每個階段，動力和節奏構成幼兒可辨識的個人化動作風格。動作元素的組合和關聯性，像是重量、質性空間、時間和力流之不同的節奏和動力的取決，區隔出個別的孩子和性格，且可用此要素來描述他們「如何」動。有時特定的活動要反應有效的動作，需要結合特別的節奏和動力；像是用強壯的腳踢球，慢慢、細心地穿鞋帶，精力充沛地搖動波浪鼓或鈴鼓。要對每日的挑戰做適當的反應，去選擇一個包含豐富的動力範圍：需要在整個童年

去刺激、支持以及發展的知識範圍。

重心

　　特別是大約兩歲的幼兒，了解動作的重心元素，尤其是在對抗、強而有力或輕而溫和的動作方面。當他們的理解力增加，他們可以在其意願下和脈絡中做出對肌力（strength）和勁力（force）之間細微的辨別。肢體肌肉張力的改變會造成精力（energy）和勁力的變化，例如：在孩子用盡精力對抗外部結構的時候，為了將吊床的一邊掛在樹枝上或爬上一條粗繩，不管重量輕重，手的緊握和舉起肢體的肌力需要手臂和肩膀的支撐。在相片 5 中，八歲的 James 需要用很大的肌力和精力通過頭上一長串成排的套

相片 5　此時需要肌力和精力

索。當他從一個套索轉移他的重心到下一個套索的時候，藉由擺盪的節奏幫助自己減少一些肌肉張力。要跳得遠、高和寬，奮力踢球和用力鎚一個釘子進木材也需要肌力和精力。動作可以是更輕而且漸進的，一個細緻的碰觸需要用輕盈而向外延伸的手。在舞蹈方面，將穩固的動力帶入遊戲之中，其力量與目的是去表達溫和與輕快動作的特徵，有時這可以說是良好的調節。

質性空間

有些動作表面上來說可描述為非常直、直接而且像線一樣的，而有些動作具易曲性給人一種三度空間的感覺。這部分幼兒動力的動作結構，也許比較不容易在早期階段中跟另外三個元素重心、時間和力流來觀察比較。特定的情形可能需要使用空間元素其中之一。例如：孩子利用他們的柔軟度把手臂放入外套的袖子裡、扭轉進出欄杆的支柱，或者施不可思議的魔咒。而「直接」的動作元素以顯著的目標為特色，像是在彈道射擊活動中，或者當一個窄小的視覺焦點在手中的工作上，像在相片 6 顯示 Mark 專注在他的模型上。

時間

動作可以很快，突然又慢、悠閒的，藉由兩者之間的程度來區別。快和慢的速度是幼兒理解中早期會出現的動作。透過實驗，他們很快地察覺大部分的活動都有一個適當的速度：腿慢慢地伸展，以安全地支撐肢體重量來找到攀爬架或橫木梯子。快速衝去接球和「微風似」質感的活潑舞蹈，都是大部分四、五、六歲孩子適合的遊戲時間運用。除了快速、緊急和慢、悠閒之外，在兩者之間有許多不同的程度。當孩子逐漸變得更有能力而且使用這些時間的元素愈來愈多，因此加速和減速的想法進入遊戲，在六、七和八歲左右的孩子，其動作方面顯著扮演重要角色。

相片 6　Mark 專注在玩具模型上

力流

　　動作的流動質感有兩種區塊，從被限制與束縛的動作，到本質上自由且持續的動作。幼兒力流的描述時常是大人給的，例如：「外向的」、「趾高氣昂的」、「嚴謹的」或「孤僻的」這類的語詞給他們行為的線索。除了顯示心情，力流的使用也在技能中扮演重要的角色，例如：在剪紙、製造模型、學習書寫和彈奏樂器方面。起先，受束縛的流動感，結合了極度在意情緒而反映出猶疑不決的動作。但是，當技能改善，有自信心的感覺也會表達在自由釋放的力流動作中。如 Roberts（2002: 105）所建議，讓熟練度與自尊心深深連結。活動所帶出的敏捷機制包括多種的力流反應，更自由的力流產生活動的連續性，而「抑制」包含了停止和退縮的能力，這也協助舞動的人和其他孩子避免周遭意外事件發生的能力。

動力脈絡

　　動力和節奏的動作元素本身並沒有特別的意義，重要的是它們如何恰當地被使用。能夠突然快速展現活力的動作相較於做持續與舒緩的動作，兩者之間並「無好壞之分」。而強烈的動作相對於溫和、輕柔的碰觸，也「無哪個比較好」的說法。評估動作發生在哪裡完全依靠背景脈絡，因此擁有範圍廣闊的動力學以做出適當的關聯選擇。讀者將注意到動作架構中動力部分的圖表缺空破損。為了避免重複，第六章會再更深入探討孩子的表達行為。

 # 空間：動作發生的媒介

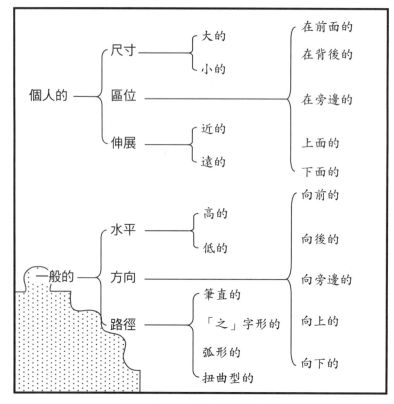

圖9　空間：動作發生的媒介

　　空間在這裡提到兩個方法；第一是在孩子肢體周邊的個人空間（personal space），有時指的是「動力周圍」（kinesphere）（Laban, 1948）；第二，一般的空間（general space）是個人空間和孩子活動進行時被特別約束與限制住以外的地方。個人的空間是孩子位於一個定點時，他們最遠能觸及的周圍。他們的一般空間可能是嬰兒的圍欄、沙發、樓梯、花園中的攀爬架、公園裡的鞦韆和旋轉木馬、冒險遊戲場、育幼院的一個特別的地方，或托兒所的門廳中。當孩子帶著他們的個人空間移動時，就是他們在一般空間中移動的時候。

尺寸和伸展

尺寸／伸展 ──── 大的……小的

遠的……近的

圖 10　大的和小的──近的和遠的

　　在幼兒的動作世界中，尺寸通常是與延展有關，因此個人空間中這兩種元素被視為是一起的。在標示動作時，是靠近肢體或遠離肢體的延展，而有大和小的動作，很容易使用這種觀念去結合孩子的影像。「近的」、「遠的」、「大的」和「小的」這些明顯的特徵，對幼兒的學習和他們的經驗而言，這動作元素是相當重要的。

區位

$$\text{區位} \longrightarrow \begin{cases} \text{在前面的} \\ \text{在背後的} \\ \text{在旁邊的} \\ \text{上面的} \\ \text{下面的} \end{cases}$$

圖 11　在前面、後面、旁邊、上面和下面的

肢體的結構有它們「自然」的區位，肢體的不同部位引起動作的空間區域。幼兒常大量使用他們的手臂做出在肢體上半部、前面、背後、旁邊、上面的手勢。這個自然的區域劃分中，誠如腳的步伐、姿勢以及跳躍發生在個人空間的較低區域是同樣的道理。不同區位的自然使用引發出樂趣和刺激；以手抓腳踝的方式到處移動，和倒吊在梯子上，這兩個倒置區位的例子是孩子自己發現的或者其他人鼓勵的玩法。

方向

$$\text{方向} \longrightarrow \begin{cases} \text{向前的} \\ \text{向後的} \\ \text{向旁邊的} \\ \text{向上的} \\ \text{向下的} \end{cases}$$

圖 12　向前、向後、向旁邊、向上和向下的

方向是區位劃分的發展。長度、寬度和深度，三個肢體的尺寸提供空間所有方位的基礎；肢體的長度引起方向的上下，肢體的寬度是左和右，

而肢體的深度是向前和向後。肢體的骨骼結構很明顯與最自然的方向是往前移動。當嬰兒能夠在未受協助下站立，通常這是開始學走路的第一個方向。然而不是只有肢體的尺寸而已，也應注意肢體部位的不同，幫助方向的理解。除了爬行之外，當頭部帶領嬰兒向前，平行於地面的時候，腳有往下的感覺，頭自然與向上的動作有關。肢體的兩邊連同手臂，使孩子熟悉側邊，而胸部和他們肢體的背面分別與向前和向後有很大的關聯性。

　　在鼓勵「像跳舞一樣的」遊戲，給幼兒最好的幫助去體會不同的方向性，給予像是「跟隨他們的鼻子」，或他們的「腳後跟先行」的肢體建議作為參考。大約在六歲，當他們對方向的覺察較不需依賴肢體參考時，孩子能處理一般的建議，在不同的方向行動自如。記得「像跳舞一樣的」活動方向是有用的，它能自由且有創造性地使用，在定向比賽的活動方向中，依照一場比賽的要求，因此，對於其變化的機會是被限制的。然而，方向在比賽和像比賽一樣的活動中是一個重要的因素，首先，在行動技能方面，像是踢、打和丟。之後，這可在七和八歲的戰術遊戲中加入方向運用。

水平

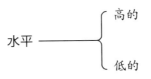

圖 13　高的和低的

　　水平或是任何動作發生的高度，範圍從低到高在這兩種極端之間有許多變化。再次強調，水平與個人的肢體有關。

- 低水平是深的，而且在地板四周。
- 中水平大約位於整個肢體的中間地帶。
- 高水平在頭上方。

幼兒在遊戲中時常有這些想法。一個眾所皆知的例子是在「家庭遊戲」中，一個孩子彎曲膝蓋和拖著腳沿著低水平學嬰兒爬行；而另一個遊戲是用腳趾走路，或穿高跟鞋，是為了「變成」大人和「在高處」行使權威。幼兒喜歡極端，自由的移動或者回應來自大人或朋友的建議，這是相當典型的。他們知道而且很喜愛高和低的移動。「在之間」的中水平不常使用到，而且非常幼小的孩子也較難理解，它比較像是經過的路線，而不是主動以其之實來運用。之後，關於增加幼兒對更細項要素和排列它們的順序之理解能力，通常在六、七歲左右更具重要性。

路徑和軌跡

圖 14　筆直、「之」字形、弧形和扭曲形的

　　路徑在孩子的本能遊戲中很重要。二、三和四歲的孩子最主要走直線或弧形，而大約六、七歲的孩子可能預期回應挑戰下列四個方法：筆直、直角、弧形和扭曲形。讓孩子去挑戰特別的路徑要具有相當多的知識，他們會在動作的這個領域慢慢理解。

　　挑戰「做出筆直的動作」包含：

- 方向不變。
- 不受干擾的路徑。
- 目標唯一。

　　挑戰「做出直角的動作」包含：

- 精確改變動作的方向。
- 對尖銳角度的敏覺。
- 「之」形的動作。

挑戰「做出弧形的動作」包含：

- 方向逐漸改變。
- 平滑、連貫的動作意識。
- 沒有角度。

挑戰「做出扭曲形的動作」包含：

- 先往一個方向做出弧形再做另一個。
- 有回復原來動作的意識，做出像 S 或 8 的形式。

　　動作軌跡，像是那些留在濕沙盤、一幅畫中或者步行泥濘道路上的軌道標記，是動作本質上二度空間的狀態。然而，當孩子在所謂的「領空」中移動，動作變得更有易曲性而成為三度空間。如同橫跨地板、手臂於空中路徑和軌跡所創造的姿勢，都是舞蹈的重要元素。在大多數的敏捷類型的活動中，在地上的軌跡比起空中軌跡更具有重要性；而且在許多遊戲中，地面上的路徑是主要考量，這通常是依照遊戲如何發展與何種戰術需求才隨機發生的。

關係：行進中的肢體與其他關聯性

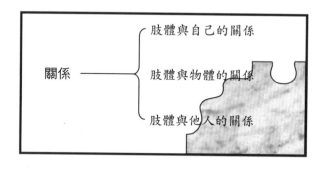

圖 15　肢體與自己、物體和他人的關係

肢體與自己的關係

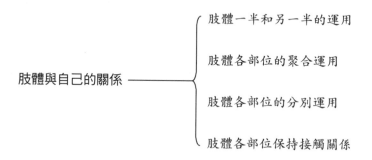

圖 16　肢體與自己的關係

　　幼兒成長中的刺激之一，是關於透過各種的方式逐步熟悉肢體不同部位與其彼此的關聯。有時「關係」發生在肢體中較大的部位之間。如相片 7 所示，四歲的 Hannah 維持一道像牆壁一般強壯的下半身，上半身則往下彎從兩腿之間看出去。其他的例子包括拱背讓某人跳過，或者提供間距拉朋友過來。孩子心照不宣地創造自己肢體部位之間的關係。

相片 7　從雙腳間看會發現不同的視野

　　孩子對個別肢體部位的覺察增加，因此也增加對這些部位彼此之間關聯的熟練度。在「舞蹈遊戲」中，例如：在鼓掌時不只手掌會碰觸到彼此，手的背面和指尖也可有多樣的接觸。右手環繞身體到達接近左邊的肩膀時，或是右邊手肘停留在右邊臀部上時，這兩種動作下的左邊肩膀都有不同的表現形式。在手握機制中，當肢體部位正在活動時，肢體傾向於扮演參與和幫助的角色，例如：手臂和手運球。

　　在肢體部位之間的關係也牽涉動力、節奏和空間的細微差別。大車輪翻和倒立需要肢體「相關」部位細緻地精確配合，並要注意空間間隔以調整重心。重心調整對孩子的手和腳同步，做所有往上或往下的攀登活動很重要。攀登是非常複雜的任務，早期嘗試時常是受限制和慢的。孩子好像停下來思索似的或者整理自己的思緒，這在某種意義上，是他們正在行動之中。就像有時大人在途中試著給予孩子肢體上的協助，甚至還會舉起幼兒的腳並放在下一個橫木。這似乎看起來有幫助，但是當腳暫時離開孩子

控制，孩子重要的肢體重心改變暫時被移動，而失去信號控制。雖然隨著孩子變得更熟練，手腳協調的軌跡有不同的順序，但是在攀登活動時，重心調整是保持在中央的。

在相片 8，兩歲半的 Josh 表現出自信，可愛又伸展的肢體、手和腳的小心的放置並評估橫木之間的距離。雖然有時他在往上的途中錯失了一個橫木，他立刻回復攀登，他的手和腳靈巧地找回之前協調的形式。他恢復並找回他漏掉的，伴隨著沉默的自信，部分是由於他母親的支持，而另一

相片 8　判斷同時移動手和腳的距離

部分的原因是事實上他以前經歷過這個活動。Josh 利用機會停留在舒適平坦的攀爬架上，並靜止不動直到他完成了攀登動作，這觀察是非常有趣的。行動和恢復在孩童早期活動中是自然的夥伴，而且孩子時常可能在休息時出現敏捷的機制。這完全正常，是該被尊重而不是受催促的時機。

相片 9　Josh 需要好好休息一下

肢體與物體的關係

圖 17　肢體與物體的關係

　　與活動有關能被移動而且操縱的物體，導致肢體從穩定的環境中做出不同的舉止。孩子玩呼拉圈、球棒和球，有相當多的無法預測性，而且常隨機支配下一個動作——並且是不同的類型動作。利用地板或一面牆壁反彈一顆球，必須在手和球之間做出實質上的接觸。這對幼兒來說是非常困難的，而且很少五歲以下的孩子能使活動進行這麼久。當一樣的活動是用球棒而不是手時，將會有更多的能力要求。現在附加的關係需要在球棒與孩子之間做選擇，來企圖與球接觸。物體的接觸，在這裡指的是球棒和球，是肢體在時間和空間中的運用關係。

　　在舞蹈中，與物體有關的活動較少發生，雖然早期舞蹈經驗常包含手握氣球、彩帶和布塊。然而，布塊和衣服打扮也許會增進動作的表達，幼教工作者將會看到，通常能自在、流暢移動的幼童，當他手上拿著鈴鼓、響板或一組鈴鐺時還被鼓勵去舞動，他們會突然變得笨拙，並像木頭似的。等到孩子七、八歲時，他們就能克服並且喜歡一邊跳舞一邊敲擊。除了發現更幼小孩子的限制，他們設法利用樂器讓孩子的肢體在活動中得以伸展。有些甚至還在複雜度增加的兩個樂器的舞蹈應付自如，例如：鼓和鼓棒，需要兩隻手的支配，是最年幼孩子領域以外的本領。無論如何，所有的孩子都喜歡與實質的物體互動，只要他們使用的是在被告知和審慎處理的方式下，自己所選擇或被引導的，他們就會喜歡這樣子的跳舞。

肢體與其他人的關係

肢體與他人的關係 ——
- 並排的
- 一模一樣的
- 複製的
- 帶領的
- 跟隨的
- 合作的
- 競爭的

圖 18　肢體與他人的關係

相片 10　Callum 看著母親來「計算」他起跳的時機

與人相處是幼兒動作活動中不可或缺的部分。當他們在有意願的狀態下陪伴著彼此並分享物品和空間時，其中一個孩子提議一個活動，其他兩、三個孩子也會加入。「跟隨我的領導者」是一個非常有名的動作主題，這是初期和簡單的關係運用。剛開始跟隨的孩子只會依照領導者的思路——發生的地方，逐漸發展出愈來愈多動作內容的細節，關於「領導者在做什麼」會被跟隨者呈現出來。當孩子到了七、八歲的時候，一模一樣但是較複雜的「請你跟我這樣做」動作順序通常是明顯可見的。這活動需要領導者的明確性與一致性，而跟隨者則需要細心的觀察和選擇適當動作規律的能力。

孩子、大人和他們同儕的協商關係；他們攀爬、經過和在他們周圍、往上和之上遊走。互助與競爭是孩子所經歷到的另外兩個社交關係的特性。Callum 與母親一起的活動中，他們一起跳舞、跳躍和踢足球。相片 10 顯示Callum看著他母親的腳，「確定」她什麼時候要起跳，以至於他能夠跟上母親的腳步並同時起跳。

 小結

本章最主要是要建立、說明和闡述幼兒和人類動作相關聯的四個區分類型，這些類別關係非常緊密且錯綜複雜。接下來的章節會介紹更加詳細的幼兒活動統整模式，孩子能更有效且具表達性地在思考和社交方面從動中學。

學著去動

兒童發展的早期成長階段是令人振奮的！在肢體型態與大小的改
變，以及他們在動作發展方面得到的肢體自覺。同時，他們在環
境中探索大量且對他們有用的動作經驗。　　（Maude, 1996: 187）

　　本章最主要的目的是強調和動作的關聯性是幼兒肢體發展的一部分，
從他們出生的那一刻起，學著做出各種漸具熟練和全方位的動作，它是不
可能從學習中獨立出來的。接下來闡述的知識是要強調此重要性——動作
是幼兒發展這塊大畫布中的一部分。例如：學著去動但不可以與肢體導向
的經驗事實分開，就像是文化和社會經驗可激發腦部發展的方式與程度一
樣。為了建立能夠配合不同學習要求的教育系統，Colin Blakemore（1998）
建議不同的學習模式與經過頭腦的特定敏覺力與其思路長度互相連結。

　　Calvin喚起大家對於兒童即興創作以及投注新的學習經驗需求的重視。
他融合遊戲和腦部發展的多樣性，並指出：

我們需要幼教課程來幫助孩子嘗試如何做他們不知怎麼做的事，
但是這要運用適合生理發展的方式。　　　　（Calvin, 1997: 26）

　　從孩子剛出生的那一刻，他們透過動作來表達他們的需求和感受，並
匯集整體印象的多樣性，這協助創造一種個人世界持續變化的圖像。從一
開始，環境和家人、朋友、幼教實務工作者（practitioner）的支持與分享，
此角色對促進新生兒的發展是非常重要的。在整體發展步驟中，都有它本
身所強調的重點，但是需要從一個好的開始出發，以提供個人和環境之顯

著脈絡。Carnegie Corporation（1994: 12）所出版的研究報告：「強調生命開始的兩年是很重要的，腦細胞之間通路的發展取決於孩子是否接收到適當的刺激。」

生物發展歷程中的成長與成熟奠基於子宮內，出生之後很快就可以看到，而這樣的核心興趣在童年和青少年時期發展，並和家人與朋友互動之間持續保有。肢體和動作發展是從頭和肢體中央往下和往外延伸，這就是Maude（1996: 188-9）所說的頭部到尾端（cephalo-caudal）和中心到外圍（proximo-distal）的發展。這在早期的動作反應對大多數的嬰兒而言是很常見的，而且它出現的順序大部分也是可預測的。例如：前期幾個月肢體活動的特色，大範圍的肢體動作協調性優於精細的特定動作，而且單邊動作接著發展雙向的動作表現。然而，很重要的是，要記得發展的程度是因人而異，而且在較大範圍的遺傳、環境、文化和社會的情境中，適當的環境供應可連結成一個相當可觀的發展程度。

 ## 知識的形成

雖然孩子的動作顯得相對遲鈍和無焦點，但是他們幾乎都能馬上產生清晰的手勢來反應圍繞在他們旁邊的人類世界。Schaffer（1996）說明嬰兒與生俱來會調和那些透過其他人提供的視覺和聽覺刺激。根據社會和文化的情境，大多數孩子通常在數星期過後就可以認出和反應出對聲音、視覺和觸覺中一或兩個特定的關係。當他們去認識常見的人的臉，他們會擴大熟悉和友善接觸的圈子。Schaffer、Karstadt 和 Medd（2000: 35）的著作中提及，他們都同意「過一段時間嬰兒更參與在多種人的世界，產生更多的互動和關係，而不是起初的一對一情境」。然而這並不是只有臉的認識，而是去分辨不同情況下臉部的表情。Carter（1998: 85）指出：「從孩子出生的那一刻起，他們透過臉部表情做出適當的反應，當他們歲數增加，他們愈能勝任。」而且結合和情緒有關的腦前庭成熟度發展。Roberts 和 Tamburrini（1981: 47）說明通常大約七個月，就可以辨識臉部更細微的部分，

當遇到陌生和不熟悉的面孔會表達出最原始的焦慮感。然而，值得注意的是，焦慮不只和不熟悉的構造有關，也與嬰幼兒所不知的那些臉部表情有關。這可以勾勒出一個相似的情形，透過說話的語調、音量和節奏察覺出個人聲音的辨識。這樣的觀察有助於解釋為什麼陌生人所「傳達」熟悉的視線或聲音形式，帶來的卻是「不自在」或甚至壓力，而不是預期中的舒適或愉悅。

嬰兒不只回應別人，他們也對自己所需要的做反應。他們用吸吮並抓取或改變肢體的姿勢，漸進成功地企圖找出食物的來源。Gerhardt（1973：1）認為透過這樣的肢體動作，幼兒發現可以互相連貫與輪流運用的動作，而創造了多種反應模式，他稱這個為「知識的形成」。在相片11中，二十五個星期大的 Zach 正在學習翻身和伸手去抓他的玩具。

隨著幼兒的成長，他們身體的長度、高度、重量和比例快速發展，看起來似乎是理所當然，特別是肢體不同向度的關聯性和比例，幾年來就有相當大的改變。Jackson（1993：28）評論：

> 生命力和速度的變化是非常驚人的。成長過程就像是一個繁複的、快速移動的遊戲，不只規則和標的物，連遊戲玩家自己也不斷地變化。

對所有從事幼保和幼教的人而言，極其重要的是，必須察覺孩子的肢體改變是逐漸在進步的。只有在此時幼兒維持在主動學習的一方，去辨識、延伸、豐富且具變通性的多種動力發展經驗。持續進行這種適當的參與，也為增進幼兒的肢體、社會和認知發展提供重要的貢獻。

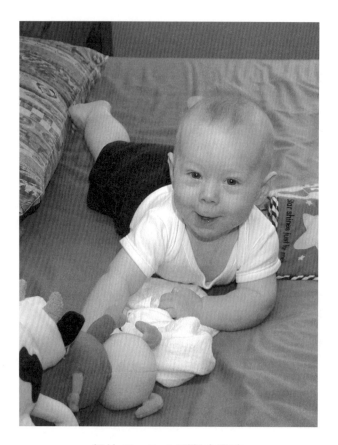

相片 11　Zach 剛學會翻滾

早期「手握性」經驗

　　幼兒期的起初兩年，父母親和幼教實務工作者重視一種較好的「手握」能力，這通常是童年時期中最高層次的運用。從安靜和安詳的睡眠到激動和醒著的活動中，都可以看到嬰幼兒手握的狀態。那些照顧初生兒的新手要會辨識嬰兒多種的需求，並嘗試馬上保持抱住一個滑溜且扭動的娃娃，去掌握一個緊張而無力的身軀。很多適當的手握反應是「在工作中」學習到的，而父母親和保育員每天持續照料的參與，很快能找到一個與生俱來的實務能力，知道該做「什麼」以及該「如何」做。

　　早期幾個月，父母親運用個人能力範圍內的熟練動作「材料」（in-gredients）與嬰兒互動，就像是要傳達他們所選擇的形式、活動和情緒——這就是他們會做的。在這個階段，幼兒生活中要用的初期不熟練動作，和大人世界具功能性的多樣、具技巧和精細的動作，有非常大的對比。此時期的「手握性遊戲」是嬰兒發展階段中重要的一環，也提早開始了解豐富的「動作語彙」。被抱起、抱直、放下、翻轉和使其舒適的動作，這只是每天所發生的許多手握活動之一部分，這些是嬰兒也知道他們要扮演的角色。有時，照料者特定的肢體部位具有重要且特殊的意涵；像是延伸出去的雙手、握住的雙臂和親吻的嘴唇。甚至非常幼小的嬰兒對這些手握活動都有貢獻，例如：他們「主動」展開肢體和手臂要人抱起，或噘嘴與人親吻。除了照料者的肢體部位很重要以外，這個特定動作呈現的質感也會產生一種印象。例如：較小的嬰幼兒會感覺並對不同抱的力度和強度、溫柔撫摸，和持續對生動且具活力的臉部表情做出反應，尤其是那能使他們大笑的臉部表情設計。

　　較小的嬰幼兒能夠知道對愈來愈多的人做反應，他們用聽和看的方式來辨識人們的移動。第一個用輕和蜷縮的步伐，另一個用重且規律的踏步，還有第三個用快速的啪嗒聲，以特別的動力型態來移位，來配合他們個體目前所處的地方。尤其對那些有障礙或看不見的幼兒，「我可以聽見你」與「我可以看見你」，一樣都是觀察幼兒早期遊戲行為與在家中生活的重點。

互動表達

　　等到大人參與幼教和保育的時候，他們發展出大量的動作「材料」，用來混合和配合適應特定的情況。它是從這個廣泛的動作技能（repertoire）中，選擇適當的聲音表情和肢體姿態來與幼兒互動。對於一個任性和生病不舒服的幼兒，如果能用一個安靜與平順的語調伴隨著搖擺或撫摸動作，如此具持續性和溫柔的動作元素通常會有正向的效果。對於互動表達的成功，首先，嬰幼兒與照料者分享這新創造的冷靜情緒，接著，如何隨著時

間推展進行情緒的轉變。一個類似的方式，用分享遊戲中的簡短、活潑和生動的動作和語調，製造出嬰幼兒不一樣的情緒，而且這是激勵而不是安撫的功效。

相片 12 和 13 顯示情緒分享和調適的情況。二十個月大的 Bethany 試著去轉動門上那把將她鎖在房間內的鑰匙，當時她母親還在隔壁的浴室，聽到她放聲大哭而且非常難過。她的母親 Lindsey 可以透過門與她對話，但是無法有肢體上的接觸。最後，鄰居拿來一個梯子，爬過窗戶然後將門打開，母親和女兒重聚了。相片 12 顯示在此「歷險」之後，顯示 Lindsey 安撫著難過的女兒。她們的手臂相互纏繞，並且肢體緊緊依偎，她們幾乎融合在一起。幾分鐘過後所照的相片 13 顯示，母親在她的側邊搖晃以及平

相片 12　Lindsey 緊緊地抱著 Bethany

相片 13　Lindsey 幫助 Bethany 找回她的自信

靜與平和的話語，使得小女孩被安撫了。當她恢復了以後，她釋放緊握的手並呈現一個直立的姿態。她的肢體轉向母親，而母親保持一個靠近「面對面」的接觸，鼓勵的空間在她們之間產生。小女孩的自信顯然回來了。

適當的「動」是發展的指標

適當的動是指能夠用最合適的態度去回應感知的需求，這尤其與動作中的實例有關。在家裡，小姊姊和小哥哥常看大人如何順利地抱新生兒，有趣的是，這個選擇過的動作並不是隨時都有效的。這是因為他們還在發展個人動作的結構，而只能在嬰幼兒需要的特定情況與時間內去做到或「接近」（approximate）到。因此，善意的親吻可能變得粗魯、擁抱太緊、嬰兒推車的搖擺太用力。幼小的兄弟姊妹需要被鼓勵，以至於他們能夠學到適當的「動作混合」（movement mix），大人言語上勸告「不要太粗魯」、「不要握太緊」或「慢一點」，就能夠給孩子超越現有表現的鼓勵。他們

需要別人的幫助去了解在某些特定的情況中什麼是必要的，為的是能夠發展他們個人的動作技能並做適切的選擇。大範圍領域的動作經驗參與，來增加他們自己的動作技能，很重要的是，要找到可以鼓勵他們使用特定動作特質的情境——表示他們可去試驗。使用一套溫柔的力道去撫摸一隻兔子、踩得很用力是為了在沙地裡留下腳印、從軟管中擠出顏料，都是描繪寬廣動作項目的重要活動。推動手推車、堆積高塔、排列杯子和碟子、穿衣、脫衣、搖晃洋娃娃，以及「扮成嬰兒」，這些都在理解什麼是必需並適當的動作和互動方面扮演著重要的角色。

早期節奏性遊戲：重拍和強調

看大人如何跟他們的嬰兒遊戲是非常有趣的，他們在動作中使用不同的強調（emphases）或重拍（accents）。一個有名的例子是關於在規則外的「遊戲」（game），就是一個大人或兄弟姊妹從遠離嬰兒的地方開始做動作，當愈來愈近，匯集速度和力量直到一瞬間興奮地抱起嬰兒。通常有一些聲音和無聊的「文字遊戲」（word play）伴隨有規則的遊戲是不可或缺的。從一無到所有漸漸匯集力量和精力，這樣是一個動作和聲音緊壓在一起的（impactive）例子。當這個有節奏的遊戲變得完整和確立後，嬰兒會開始期待這過程，並會分享這個特殊的模式。

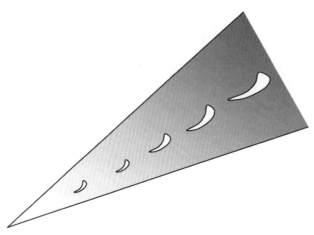

圖 19　在結束階段的動作逐漸緊壓（Davies, 1994）

另一個有名的節奏遊戲是用別的方法開始將嬰兒環繞起來，並用一個強勁有力的揮舞把嬰兒舉向空中，而他或她的速度和力量漸漸減弱、變慢至逐漸消失。這個迅速擴大又逐漸減弱的動作模式，再伴隨著聲音，這是一個衝動性推力的動作例子。

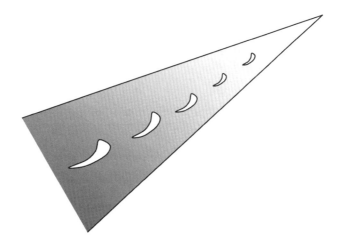

圖 20　在啟始階段的動作運用推力（Davies, 1994）

Allen、Lilley 和 Smith（2000: 165）強調這種遞增和遞減聲音模式的重要性，可用來幫助孩子在持續擴大的世界中形成經驗的基石：

> 觀察固定的聲音資源，聲音愈來愈近和愈來愈遠，漸漸結合視覺感官和認知，以提供嬰幼兒額外的線索，讓他們知道他們的世界發生了什麼事。

父母親和幼兒照料者偶爾要檢查他們與孩子平常使用互動的動作慣用語句（phrases），這是非常有用的，和那些特意設計的遊戲活動不同，因為是具有多樣性的。大部分的大人有偏好的動作模式來和孩子溝通，也因此變得為人熟知。就像是說話一般，父母親會發現自己偏好在句子的開頭

加入動力，在有推力（impulsively）句子結構中，發音變得緊縮，讓句子的末端有個點睛之妙。這樣個別化的發音方式常在重複中加入動作和講話的模式，這是發展人格化（impersonation）的材料。就專業娛樂和業餘水平的兩個層次而言，都是從家庭「出發」（take-offs）的。雖然是嬉戲的場合，但這樣的場合讓我們警覺到我們的動作和語詞建構是可以表現出來且可成為慣性的。這也顯示出我們的動作和言詞模式是會被兒童接收的。就像 North 所寫（1972: 6）：

> 幼兒會自發性地對別人的動作做出反應，他們透過整個人的生命用動覺的感官——去「看」、「感覺」或「體驗」，而不需透過分析和言語描述。

發展分享性遊戲

在分組活動中，有很多動作是在玩不同位置上的重音，這讓較小的嬰幼兒有個初期「分享」節奏語法的經驗。相片 14 顯示芬蘭的 Sanna 和她三個月大的嬰兒正一起享受節奏遊戲的時光。Sanna 利用一個豐富的肢體特質動作與 Aarne 一起玩耍。直到現在，她最主要還是持續將他舉起和放在她的腿上，這是一個嬰兒會知道而且會享受在其中的活動。這是第一次他們用在節奏遊戲上的特定模式，而且與他之前所熟悉的活動相反，很清楚地看到 Aarne 還不是在放鬆的狀態。但是隨著新的遊戲重複多次，並且延伸他個人的範圍和分享基模，他會馬上可以體驗並重建自信和快樂。

相片 14　早期的律動遊戲

　　這種有節奏的遊戲一直以來對童年都很重要。相片 15 至 18 可以看到十八個月大的 Archie 和他的父母親反應不同的「動作對話」（movement conversations）。當 Archie 和他的父母親交會時，他知道且信任他們，大膽地享受被父母傳遞然後在他們之間輕輕地拋擲。當他參與其中，並結合節奏和表達他自己時，他的快樂是顯而易見的。

　　相片 19 中，三歲的 Alexandra 也享受節奏遊戲的時光。她對這些的參與和付出比 Archie 更繁複，為了要跳進父親的懷裡，她做了一個環形攀爬，然後通過巧妙設計的框架，到達她每次要起跳的踏板上。首先，她站穩在踏板上然後像是要起跳般，張開雙臂往父親的方向靠，父親的雙臂環繞在她的腰上並將她高舉向空中。她還沒學習到要從踏板上跳下來，理解或肢體力量的推進是必需的，雖然還存在著所有突發的手勢。未來還有很多的跳躍經驗，看著她六歲的哥哥從最高的踏板上起跳達空中再被接住，並且有父親持續的協助，很快地她自己將能夠投進父親的雙臂中。

相片 15　Archie 和母親玩

相片 16　Archie 和父親玩

相片 17　在「傳遞之間」分享節奏

相片 18　Archie「在中間飛翔」

相片 19　學習起跳

持續進行中的動作發展

所有感知動力的動作都是由最基本的反射動作而形成的，像是胎兒時期和出生之後的吸吮、吞嚥和緊握。這些在前兩年緊接著彼此迅速串連，最主要與姿勢的控制、運用、平衡和移動有關。隨著嬰兒逐漸長大和發展，因為他加入新的、不斷反覆的、多樣的和結合不同方式的動作，讓他身旁的人都感到開心。Athey（1990: 36）所描述這些動作的「基模」（schemas）是「可重複的動作模式，用以引導至早期的類別認識，然後到具邏輯性的分類學習」。兩個更進一步對基模的定義在此是有幫助的，Neisser（1976: 111）描述它們是「有動力的、活躍的、會尋找資訊的結構」，而Schmidt 根據 Magill（1998: 43），利用 Magill 的基模概念來描述兩個控制的要素是包含了學習和掌控的技巧。

嬰兒和幼兒表現出來的動作是很廣泛而且多樣的，縮減主要的活動空間相對就會侷限他活動的區域；像是手提式嬰兒床、嬰兒高椅、小地毯或在浴缸裡。在這個活躍但被限制的舞台，家人和朋友通常會給新手父母親這樣的建議：「等到他會四處移動」或「很快地你將片刻也不能留她獨自一個人」。這些朋友預測的是幼兒會增加與蒐集更新和更繁複的動作，一旦他們擴張所處環境，就能伸手觸及身旁更多的東西。在這個年齡階段中，安全和機會一樣都是必需的。擔保一個刺激和充滿機會的環境當下，我們必須注意不要讓有害的事物和障礙攔阻幼兒。

關於發展，幼兒不僅增加他們能做的活動數量，也利用實際的動作修正技巧。這個成就是必須透過時間和練習的，改進技巧的取得部分透過在熟悉狀況中反覆的運用，例如：爬樓梯或不斷反覆的踩踏。這也會在不同的情境中發生，像是嘗試動作基模去適應一個特定的活動；攀爬花園的圍牆、樹、梯子和粗繩。在第一個技巧導向的活動中，反覆不連續的活動有它最主要的目的，是在於進行一個特定的協調動作模式。Magill（1998）建議在一個連續的階段裡，表演者（本文是指孩子們）在多種情況中學習

可達到最理想的技巧表現。

雖然動作發展一般而言還是線性和可預測的，就像之前所提的孩子學習動力技巧的方法一樣，單單把成熟完全看作是這樣的發展是錯誤的。這是一個「使用它或失去它」的事情，廣泛選擇環境的機會在發展過程中扮演很重要的部分。在生命早期階段，一個豐富且多樣的環境並不是奢華而是必需的。在強調成熟和經驗的元素交織下，這在他們發展過程中扮演關鍵角色，Gallahue（1989: 15）提到適應的概念，並用來解釋力量在個人和環境中繁複的交互作用。

更仔細地看待具有童年特徵的特定動作發展是有幫助的，然而有很多有趣和重要的動作可以在此當作說明，所以很難下決定。接下來的兩個都在第一章簡短地介紹過了，在此更進一步被選為考量，因為它們在不同的情況會不斷被使用到——在家裡、休閒場所和在專業的脈絡中，而且持續在生命中出現。它們是：

- 「平衡」（balancing），從移位的能力範圍。
- 「投擲」（throwing），從運用的能力範圍。

平衡

平衡是一個繁複的活動，一個動作活動的核心元素，包含視覺、觸覺和前庭的要素。它在幼教扮演著重要的角色，就像 Magill（1998: 280）所強調的：「對於許多不同的技巧來說，它是一個基礎能力。」在孩子經歷過多樣平衡控制的時期，環境刺激挑戰的供應和與父母親、老師和朋友的互動都是很重要的。透過這樣的供應和陪伴的對話，受過良好教育和受過調教的肢體才會出現。另一方面，缺乏適當的供應時，就正向而言，會導致欠缺動作清晰度表達的人。就最壞的方面來看，可能讓孩子肢體笨拙並缺乏肢體的自信，而令人感到傷心的結果是他們處於被忽視或甚至被欺侮的危險狀態。

🔲 站立

　　雖然嬰兒早期形式的橫越地板動作有許多和多樣的方法可以使用，且十分有趣，幼兒第一次嘗試沒有任何人幫助的站立，或是在沒有競賽性的情境，可給他們專注和開心。在移動中，一開始雙臂和雙手都是遠離肢體的，幾乎像是一對可控制的翅膀。而且，最初有一小段時期，眼睛一直注視著下方，似乎在確定地板保持在原來的地方。但是一旦幼兒能控制平衡，他們能夠或多或少用垂直的站姿看世界，這代表慢慢習慣不同姿勢型態的人和物。毫無疑問地，對幼兒來說，要這樣長時間一直站立的感覺很不一樣。Gerhardt（1973: 21）說，他們「排列世界中相關的事物成為新的垂直線」。Melville-Thomas（1993: 7）是一個舞蹈動作治療師，他和不同情緒和學習障礙的兒童互動，提出這樣的方法：

> 其中動作發展最主要的改變是垂直的達成——自己站起來。這是一個非常好的例子，對於如何協調性地改變可引導孩子不同的感知和新的可能性——這是站立的影響。而當他會站立時，孩子對自己有如何的感覺，以及如何和別人產生關聯性——這是站立的涵義。

🔲 扶著家具走動

　　隨著站立熟練度的發展，這個「扶著家具走動」變成一個較熟練與熟悉的活動。當熟悉感建立到足以有自信走動的程度而很少失誤時，改變家具之間的位置和關係是很重要的。這些改變將召喚出不同的感知和動作反應，一開始必須是相當大且明顯的。也許只是「調換」凳子和扶手椅的位置而已。甚至只是些微的改變意味著父母親和保育員了解孩子已經達到Vygotsky（1978: 86）所說的「近側發展區」（zone of actual development），而且知道該進展到另一個接近的（proximal）或潛能發展（potential development）的階段。

這個重要的發展階段是幼兒需要一些協助的時期。也許請他們指出房間內家具不同的位置，一個觀察的小測驗，或是讓他們觀看甚至參與扶手椅和凳子的交換。動力平衡是依賴肢體意識的感覺，當需要更精細的平衡調節時而變得逐漸細緻，重新組織合併一個更困難的攀爬能力，是一個大人或「年長的同輩」（senior peer）可能需要有給予幫助的準備。之後，當幼兒有能力應付所有設置的挑戰時，就可以移動較小和較不明顯的家具，也就是他們可以「闊步接手所有的事」（take everything in their stride）的時候了。

從依賴人或是家具的輔助到沒有支撐的情況下幼兒踏出第一步，這就是他們轉變的那一天，即使只是短暫的。就像Roberts和Tamburrini（1981: 78）的建議，在家庭圈中把它當作一個值得慶祝的日子。但是像之前所建議的，就平衡、協調、速度和方向的控制方面而言，大量的練習是必要的。為了讓這個新技巧的出現有更進一步的發展，嘗試一件事做一次或兩次不能保證永久技巧的獲得。就像 Bruce（1987: 49）參考 Bruner 對「鷹架」（scaffolding）的見解所寫的建議：「因為孩子不會表現或只會遲疑的表現，並不代表他／她還沒準備好接受這個任務。」

◼ 走路

隨著早期移位的進展，雙臂在平衡中扮演的角色逐漸減少，然後消失。同時，搖晃和走路涉及骨骼、肌肉和神經系統的回饋，這可加入孩子的動作技能。一旦他們開始走路，行走的動作質感有重大的改變。如Thomas、Lee 和 Thomas（1988: 39）所指出：「起初，走路是從這裡搖晃到那裡。它涵蓋了冒險的成分，失去平衡而又重新建立起步伐向前行。」最後，當幼兒察覺自己在自由而不受限制的地方移動時，會讓他們有如「在家」一般的安全感，而得到新的移位技巧時，他們會展現出高度的自信心和穩定的情緒。也許有的孩子會走路，卻是無條理且不順暢的移動，通常這個早期階段需要的是協助幼兒達到更好的流暢度和「協和性」（togetherness），

雖然走路對一些有學習困難的孩子常出現無條理和缺乏肢體凝聚力的特徵。在這方面付出額外的時間和支持，對於未來自由與隨心所欲的移動是一個不錯的投資，提供新的機會去探索四周環境。走路加上站立帶來另一個廣泛的學習經驗。對於這些和其他環境經驗的考量，將會在第四章有更深入的洞悉。

跑步

就前進而言，走路和跑步並不是不同的動作，一個是常出現在好玩遊戲範疇中的活動。興奮和渴望去得到一個迷人的物品或情境，像是在「友善的追蹤」（friendly pursuit）遊戲中用一隻手傳一個玩具，或逃離「爸爸」那個角色時，這些都可以提供「跑」的必要性刺激。Zaichkowsky、Zaichkowsky 和 Martinek（1980: 39）描述這個原始的模式像是一種匆促的走路，他們指出：

> 這並不是一個名副其實的跑步，因為孩子沒有充足的平衡或腿力
> 來讓兩隻腳短暫地離開地面。

最後，移位發展為「名副其實的跑步」（genuine run），這裡所提的是孩子在動作中加入一個短暫片刻的飛行。這是一個顯著的發展，因為最初短時間的空中飛行有時是被忽視的。當腿變得更有力，所以踏的步伐更大步，代替早期起和落的特徵，雙臂的運用也會改變特性。無焦點與迂迴的路徑變成筆直的來回，現在發生在雙腿上的相對性動作，讓孩子在原地做一個容易和平順的動作後，大約五、六歲他們就會真正地跑步。這個階段的動作基模就會擴展到速度、距離和耐力的概念──多快、多遠和多久。就像早期的走路會有搖晃和跌倒的情況，而早期的跑步常會導致膝蓋擦傷和鼻子流血！父母親和教育者一樣會欣然接受幼兒穩固的走路和跑步行為，這在連續性學習過程中是很重要的。

相片 20　六歲的 Mark 自在地跑步

■ 不同等級的發展

很重要的是，要記住在這個階段的肢體動力發展時，少數兒童會出現一些損傷或延緩的徵兆，有時與手腳不靈活有關。萬一做出這種診斷，必須盡早尋求專家的協助。醫療研究慈善團體的活動研究（Action Research, 1994）發了一張傳單給家裡有孩子患有動作協調能力喪失症（dyspraxia）——這是協調紊亂的名稱——的父母親一些建議。除了別的症狀，值得注意的是，平衡和動作協調的問題讓打理每天生活的能力因此減弱。提到手腳不靈活兒童的「潛藏性」（hidden）失調，研究指出有 5%到 10%的孩子是這類型的。這支持 Groves（1989）早期的發現，他指出 5%在學的孩子有機動問題的經驗，而很可能每所小學一班至少有一個「肢體不便」（physically awkward）的孩子。在不同的文章中，Nielsen（1992:

43）參考視力受損的人，並引起大家對粗動作活動方法的注意。例如：對跑步的觀點被取代了。她寫道：

> 許多視障孩子利用同一定點的跳躍或踮著腳尖的試驗，來滿足他們對粗動作活動的需求，而不是實驗能夠跑多遠、多快，或是偏好跑步而不是走路。

◻ 平衡的調節

隨著孩子持續探索他們的世界，我們發現平衡調節是常常需要的，當手拿著一球冰淇淋、轉彎、沿著圍牆上的平衡、在結冰的路上行走，或嘗試新的事物。相片 21 顯示四歲的 Hannah 用雙腳巧妙地操控皮球時，「再次採用」（re-adopts）打開雙臂的方法。也請注意，她直視她的球，同時手勢有著受限制的動作特徵，這是孩子嘗試新的活動時常常出現的。

然而，一個舒適和有效的動力平衡層次，對所有孩子的動作發展是必需的。無庸置疑的是，有些孩子的平衡技巧比其他人還要好，而且在專門技術的觀點中顯示出一個特定和不間斷的興趣。有時，這些孩子持續開發他們在娛樂、業餘或專業的情境中之特定興趣或技巧。在肢體活動方面，例如：溜滑板、滑冰、滑雪、攀岩和雜耍特技，放低重心達到平衡和必須適應瞬息萬變的環境一直是個挑戰。不管是參與活動或當觀眾，這樣的興趣常變成一生的追求，而且就像這些早期階段的平衡、動覺感官，以及「靠肢體感覺而知道」（knowing by a bodily feel），這是不變的證據。

相片 21　剛開始的平衡技巧需要雙手的加入

投擲

　　投擲是一個繁複的活動，當處理一件物品的釋放時，肢體若干部位要同時進行推進的力量。就像平衡一樣，投擲是嬰兒早期的活動行為，而且和已發展的技巧類似，一生中使用在非常多的地方。在這個活動中，技巧學習的順序是累進的，但要達成順暢而有效的動作，其所需要的時間是因人而異的。

早期投擲形式

　　最早有投擲的企圖，主要是發生在從手肘開始和肢體面對目標方向的動作。在釋放出去的關鍵點時，孩子肢體的重心通常是往前。軀幹是屈曲的，在動作中通常很少發生肢體的調整。當投擲時，你必須有「釋放」（let go）的能力，而這個發展是需要花點時間的。在此提供一個非常好的例子，

是觀察兩歲的孩子在本地的池塘餵鴨子。一個大約兩歲的小女孩從袋子裡拉出一片相當大的麵包，細心而精準地向前丟入池塘中。然而，她所站立靠近池邊的位置，讓她比較難找到丟出麵包的恰當空間和時間點，所以那塊麵包幾乎是垂直掉落，絲毫沒有接近鴨群！投擲動作成功之後，她的手指仍保持著緊繃而且延伸地持續一段時間，接著這整個步驟又再度重複。這個模式與相片 22 裡的類似，顯示兩歲半的 Laura 在小路的一邊丟了一些碎石到另一邊。

同手同腳

和年紀稍微大的兒童相比，幼兒在舉手過肩投球時，最主要的不同是要用全身的力量，如此顯示早期的協調動作特徵。手臂是斜的向後擺動，而手肘是彎曲的，雖然軀幹通常保持向前的狀態。當投擲活動發生時，肢體的重心不是保持在雙腳，就是跟投擲的手臂同一邊的腳往前踏一步。在釋放的片刻，手指並不需要伸展開來，而投擲的手臂通常持續保持向下和向前的弧形。低手的投球動作對幼兒來說也很重要，像 William 在相片 23 所顯示的。他有良好的協調性，而且他「同手同腳」的姿勢對三歲小孩是非常典型的。

投擲技巧的成熟

當投擲技巧變得成熟、流暢和有效，肢體的協調是顯著的。例如：當投擲的那隻手往後擺盪做準備，所以肢體轉動而另一隻手互補舉起達到平衡。肢體在後面那隻腳的重心全都在一個清晰的預備狀態。從這裡開始，投擲的完成是用一個強力且應用在空間的直線動作，伴隨著相反的腳往前踏出一步。相片 24 可以看到雖然七歲的 Benjamin 重心並不完全在後面那隻腳，但依然清楚顯示出技巧活動的成熟。

相片 22　早期投球的動作形式
　　　　是以伸直的手做結束

相片 23　同手同腳──典型
　　　　的動作

相片 24　投球技巧成熟

◾ 投和接的重要性

　　投和接都是孩子遊戲中必要的動作技能。這兩個非常相似的活動，在單獨和團體的遊戲中提供無止盡的時間，讓孩子熟練並發揮合作與競爭的天性。值得花時間和想像力在適當的時間提供正確的經驗，讓孩子在動作的領域中有良好的啟蒙。有些孩子在這種類型的活動中表現突出，在一開始需要一點點的刺激讓他們設計遊戲規則，成為他們生命中最主要的興趣，而不是依靠設備和朋友的外在刺激。然而，對於這些活動基本的熟練是所有孩子的權利，如果他們要和同儕並駕齊驅而沒有被排擠的恐懼，像不會投和接的人一樣，因而離開遊戲和同儕的陪伴。當孩子能合理化依照他們自己的願望來退出遊戲，他們找到好的理由可以讓自己以後會有一個舒服的時刻。能夠從基本能力的水準做起，遠比不適當的理由還要好。

　　Arnold（1988: 128）把投、接和平衡確認是「必要的技巧」（pre-requisite skills）的範例。他描述一個不會踢、阻擋、運球和傳球的人，不能順利地參與足球，因為這個遊戲需要這些技巧作為基本動作技能。無疑地，關於這種主張的真實性和許多勉為其難的狀況，對部分的孩子而言，「參與」（join in）遊戲是可用不存在或低水平的簡單技巧。在遊戲脈絡和童年文化中辨識距離和偏差行為，Brown（1994: 61）由此評論：

> 可以透過觀察兒童在遊戲和參與的活動中之表現，來了解孩子在
> 社會中順利運作的能力。

　　從孩子的觀點來看，他們處於團隊中，期望參加活潑和印象深刻的遊戲，或許是勝利，然而笨拙的感覺把事情弄得更糟是不受歡迎的。Brown接著提到一個孤立的幼兒被其他孩子排斥的感受，因為團隊不滿意他在活動中的表現。

　　雖然無庸置疑，我們必須記得Arnold所主張的，在開始的情況，所謂「必要的技巧」以卓越或協調的技巧形式存在他們的權利之中。在這個早

期階段，他們沒有必要做更多的事情來對環境或自己所造成的立即挑戰做回應。在幼兒生命中的前八年，基礎技巧的急切和發展都在多樣的活動中證明，並顯示其重要的喜好。

 幼兒的動作喜好

　　孩子對動作有自然的喜好，這需要很多關心和注意，就像他們對食物、飲料、休息和睡覺的喜好。我們只需要陪孩子走在海灘上、進入公園、在公車站牌等公車，或去任何地方，然而動作到底是什麼意思？了解動作是所有活動共同的起源，它們是生命中的一個「必需品」（must）。無論我們的視線停留在哪裡，可以在幼兒移動中、肢體需求和活動動機時，觀察到他們自然興趣的表露。頻率和密度也許不一樣，但是活動本質和目的這兩個因素是保持不變的。節制或嚴格地限制孩子或他們移動的機會，在現今是相對罕見的，但是它發生時的結果卻是可預測且令人傷心的。幼兒對於移動所表現出的興趣，有四個相關卻不同的類別：

- 讓肢體與穩定的環境有關，透過像「攀登」、「攀爬」、「擺盪」和「平衡」這樣的活動。
- 測試他們自己的力氣、雜耍特技和運動的機動性，當他們「翻轉」、「翻滾」、「跳躍」和「著地」。
- 測試他們自己手的靈巧度，透過手握和與物品遊戲，例如：「波浪鼓」、「球」、「呼拉圈」、「粗繩」、「棍棒」、「七葉樹的果實」和「石頭」。
- 自己享受於像「轉動」、「快速旋轉」、「扭轉」、「飛撲的活動」等動作都會不時自然地出現。

動作活動與穩定的環境有關

　　動作在此類別是和具永久特性的環境有關，這個環境是幼兒吸取經驗

與知識，和了解自己與當時四周情況的地方，他們攀爬人、家具和家裡引人注意的東西，像是階梯、有階級的扶手、柵欄和樹。他們沿著地毯、路邊石頭和圍牆邊緣保持平衡，且在欄杆、街燈柱上擺盪和懸掛在樹枝上，翻過路障和跳到視線範圍內任何東西的頂部、往下跳、越過上面與其周圍。一樣的情況中，很有趣的是，大人看來都會覺得是不適當且不吸引人，甚至無益的動作追求，然而在孩子的眼裡跟大人是不一樣的，這裡以 Jane 為例。

　　兩歲的 Jane 是小家庭中唯一的孩子，正在 Richmond 公園裡野餐。野餐所在地距離樹和池塘很遠，而且非常乏味，根本沒有翻滾和翻轉的機會。她的家人聚集在一起聊天，唯一能玩的就是她的手推車。持續了半個小時，她踩踏、攀爬、平衡、扭轉、轉動和跳，把這個當作她的攀爬框架。手推車與她最相關的通常是載運她的工具，而且是限制她活動的，此時成為動作的刺激物。Jane 花特別長的時間在玩一個物體，並顯示她有一種寬廣而多樣的動作基模。

　　Amandip 所發生的情況是典型多種動作基模的使用，雖然他的表現是比較高階段的，而且他的活動範圍比較大。七歲的 Amandip 找到一邊有四個階層的扶手，這通往外婆的家門，也是他做實驗的避風港。「家裡的遊樂園」（domestic playground）提供無窮的可能性，像是跑步、跳躍、懸掛、迴旋和擺盪。在他著手下一輪的自我挑戰技巧之前，他逐漸讓自己處於困難挑戰中，當可以掌控了以後，就非常有自信地表演和解釋給全家人看。他的阿姨不時拿照相機照下他最近的活動，這也無疑為他下一個實驗提供「素材」（fodder）。

肢體移動與有氧運用

　　從很早開始，嬰幼兒花時間彎腰、伸展、扭轉、轉動和翻轉，這些似乎是無止盡多樣性的方式。有時這是為了某些目的，像伸手去拿東西，有時是沒有原因的，除非為了肢體和節奏的愉快。一旦孩子變得令人放心可以隨意改變姿勢和位置時，那麼他們可得到的一個更寬廣的實驗畫布。他

們用肢體嘗試用自選與自創的力度、移位、靈活和速度的技巧，而且可以看見幼兒在草地斜坡上翻滾，企圖用雙手支撐他們的重量，反過來用四肢走路和高高遠遠地跳過存在或想像的障礙物。這樣的遊戲連續好幾個小時，有時滿足自我目標，但通常發生在大家都追求同樣或相似結果的團體活動中。

相片 25 至 28，六歲的 Mark 經過數小時的實驗和自我評估，他把手放在地上，花了很多時間彎腰蹲伏和把頭埋下去，並讓他的重心移動以至於能夠達到他期待已久的翻筋斗或前滾翻的一套指定動作——這讓 Mark 看來像一個布丁捲（roly-poly）。由於他的練習已經達到流動性和動作流暢度，證明在不同的活動部位之間的轉折是緊密連結的。無論如何，Mark 是一個協調性非常好的男孩，他對許多動作活動的領域非常有興趣而且有能力，不是所有孩子都會這麼早達到如此專業的程度。

對前滾翻繁複性的解釋，Maude（1996: 200）告訴我們，它至少涉及十七個關節的彎曲和延展。她為比較缺乏自信的孩子整理出可引發他們進步與學習成果的細項。然而，儘管這樣的方法一般來說是有幫助的，我們必須記得，有些孩子不喜歡瞬間失去平衡的動作，而且也許不想嘗試這樣的活動。在這種情況中，最重要的是孩子不是被強迫的。

手握物件與使其移動

動作活動的區域也許代表幼兒動作遊戲中最大的部分。玩具的抓取、搖動、釋放、掉落和投擲，和用其他各式各樣的物品，都是常見的年幼行為現象。甚至早期「團體遊戲」（team play）的特徵，可以看到大人積極地忙於撿起地上的玩具，以至於掉落和投擲的遊戲會一再重複發生！讓物體開始移動、讓物體持續移動，和讓物體停止移動，是童年早期首要的動作基模；而且大多數的孩子都喜歡參與這樣的活動。孩子試圖尋求手握經驗的量，並對這類動作反應出似乎永不滿足的喜好。不管他們身在何處，他們一直都有一個東西「在手中」或「在腳邊」來活動。這樣的嗜好持續留存，小路上的空飲料罐子和岸邊的小石子不只引誘孩子的手和腳，也引誘著陪伴的大人！

相片 25 至 28
將片段連貫：前滾翻

雖然手握活動出現在童年早期，但是它比起前兩組活動中的動作需要更長的發展時間。由於機動技巧的發展依賴眼—手／眼—腳的協調，以及對空間與時間不成熟的概念。但完全不是把這類活動擺在一邊，愈早提供許多適當的經驗是很重要的。如果孩子在基礎階段（Foundation Stage）有手握不同重量、長度和大小物品，像是小石子、球、棍棒、球棒和粗繩的經驗，他們較可以應付在關鍵階段一和二（Key Stages 1 and 2）的活動和遊戲課程。雖然一個三歲的孩子也許不會接球以及揮棒，但是一個球直接且幾乎碰到球棒的遊戲是非常有意義的，這不單單只是為國中將會遇到的「真正比賽」做準備，而是開心自主地玩此刻的遊戲並學會揮動。

在相片 29 中，六歲的 John 為我們提供一個有趣的例子。在假日期間，他試著用手投那釘在柱子上的籃框——兩個不同高度的籃框中的一個，這兩種可在不同成熟技巧階段使用。當他跟著父親和朋友走進遊戲區時，John 說他曾經投進較低的那個籃框中七次，較高的籃框一次。他繼續練習投較低的籃框，而父親投較高的。然後，他觀察父親屈膝和調直肢體準備投球，接著他開始投籃，這是有收穫的情形。因為 John 自己練習時都有父親一旁的陪伴，在進行中一邊交換當下情境脈絡的對話。當他得分會很開心他的成功，我們也可以發現他釋放肢體骨骼排列的精準直線，而變成寬闊的投籃姿勢表現。

表達性的肢體運用

有時，幼兒並不追求探索平穩的環境，而是要表現雜耍技藝或使物品移動的挑戰，為了自我權益的選擇，他們會運用表達性的動作，可以在非常年幼的孩子手臂揮動、搥打和搖動中發現；相同地，在比較年長孩子的自發動作方面，可發現滑行、跳躍、迴旋、盤繞和拍動。當孩子被誤解時也許會表現出氣憤，或是當照顧「病人」時表現出溫柔，任何形式的刺激都會使他們做出發抖、震驚或激動的手勢。孩子一起旋轉是為了它帶來的純粹快樂感覺，活動中放音樂或是戴上皇冠和「成為」一個公主，都是孩子表現動作的實例。有時他們做像岸邊有節奏的浪花濺開動作，或車子轉

相片 29　釋放功能的動作成為表達的行為

彎時速度改變的聲音。這樣的活動是舞蹈的原料，舉凡家裡、法定教育或
在當地舞蹈學校的教室中所給的，都可以形成舞蹈經驗的基礎。

幼教動作課程

　　在非正式和正式的動作課程中，活動有四層動作元素分類，這類學習
結合幼兒時期的情境，他們常常根據自己的意願參與，是擴展並建構幼兒
課程的理想方式。孩子在攀爬、擺盪和平衡活動中找到他們的位置，並配

合體操中的雜耍技藝。孩子在舞蹈中表達動作是需要的，早期讓物品移動的經驗，在遊戲和運動中讓他們有更進一步發展。所有類別的動作教育供應是最重要的。我們希望可以實現把最好與最有可能的動作傳給我們的孩子，只有在早期學習經驗給予適當的挑戰來配合與延伸。

幼兒的反應

對非常年幼的孩子而言，活動型態之間的分隔線是模糊的，而且他們反應在外在和他們肢體內在的結構是很複雜的。Whitehead（1990: 115）舉一個強調動作的例子，一個小孩拖著椅子排成一排，並說它是火車，同時他開心地享受肢體爬上爬下的快樂。一個類似的例子，但這次從動作本身開始，一個四歲的女孩戴著一頂「遊艇帽」爬上架子的最高點，並像船長似地指揮，望向大海同時指揮底下的船員。她享受攀爬的活動和與扮演船長相關的表達遊戲，但是很難知道其他人如何快速地回應她。在本質上，這都是屬於獨特的經驗，Whitehead（1990: 17）這樣解釋：

> 象徵性的活動對幼教工作者而言是特別有趣的，因為它們是獨特的個人經驗和個人概念的融合，其亦伴隨著特定文化的系統與意涵的分享。

 小結

本章關注孩子肢體上的掌控，因為他們的肢體會伴隨著發展的前後串連。一系列活動具有他們原來動作喜好的特性，確認可經此逐漸發展與延伸動作的語彙。接下來，動作發展的假設需要跟其他早期學習方面一般，給予許多關心和知識，爾後的章節會關注適當的供給和知能。

3 動著去學

動作給幼兒動覺的回饋，這表示他們透過感覺連結了動作和學習。

（Bruce and Meggitt, 2002: 66-7）

移動和思考以及移動和感覺的概念，或許和動作肢體發展之間的連結比起來較不被熟知與理解。因此，本章最主要的目的是讓孩子進行一些選擇過的活動，並且參考重要的教育理論來分析，以彰顯動作是離不開認知（智力的）以及情感的（情緒的）運作。此基於早期成長以及以發展的繁複過程為前提，來對幼小生命的肢體、認知、情緒和社會性面向有所貢獻。動作是屬於所有的孩子，而它們也是互相依存的，任何時候它們如何被看到和展現，這是必須被重視的。

行動、感覺和思想

第一章最主要的重點與識字、計算能力和自然學科比較起來，缺乏可用資源和識別與早期動作發展培養的指導方針。我們現在轉向動作結合認知、情緒和社會性方面，可以發現一樣缺乏支持。在一些著名且廣為人知的幼教文獻中，都不大會涵蓋關於動作伴隨其他學習領域的案例。然而，Athey（1990）、Bruce（1996, 1997）、Dowling（2000）和 Matthews（2002）都寫到一些動作在認知發展中扮演重要位置的廣義實例，這些是不可以被忽視的。一些課程導向的書，包括體育中有簡短提及，去註解這些特定章節出現的趨勢與意向是非常有趣的，所以此書的結尾會說明對於任何法定教育階段的考量。

國家幼兒教育協會（National Association for the Education of Young Children, NAEYC, 1992）對五至八歲孩子適性課程（developmentally appropriate practice, DAP）的提議中，主張肢體活動對孩子的認知發展是非常重要的。他們強調肢體活動可以幫助孩子理解抽象概念。Katz 和 Chard（1989）強調主動而不是被動地參與活動，是初等教育一個重要的基本原則。NAEYC 及 Katz 和 Chard 都提醒大家關心教育中有價值的部分。最近，《國家課程：手冊》（*The National Curriculum: Handbook*）（DfEE and QCA, 1999）和 QCA 的《體育：教師指南》（*Physical Education: Teacher's Guide*）（QCA and DfEE, 2000）寫了一些關於如何區別不同階級的作品和不同主題單元的預期內容。就體育構成要素來說，這些資料顯示老師也許會期望並提議活動技巧的發展方式，卻沒有記載這些活動與發展理論有何關聯，以及為什麼它們被如此定位。

許多文獻或許有助於探討人與人之間的議題，這本書的參考書目提到和此議題相連結的認知和動作發展是一般少見的。與其他方面的學習比起來，很少記載關於特定的概念和基模。再次強調，動作的論述常出現貧乏的關聯性，是在同類學理中較差的。而思想卻可以普遍被運用在多種科目中，像是藝術、戲劇、音樂、科學和語言，因此，很難了解為什麼動作在教育的文本中占的份量這麼少。這個實例尤其是在別的科目中，在基模辨識時的語言運用常常是以動作為導向的。

無論如何，「動作」所扮演的角色與「思想」的關聯性已經是當今重要文獻的核心，自從 Piaget（1971: 139）將思想定義為內在化的活動——被 Athey（1990）和 Carter（1998）採用，Piaget 寫道：

> 生命的心智（mind）是一個具有動力並實際存在的東西，而智能（intelligence）是一個真實且具有結構性的活動。

Zaichkowsky、Zaichkowsky 和 Martinek 提供一個實例，透過動作和遊戲，孩子學到的比運動技巧還要多。他們建議孩子：

- 學習運用認知策略。
- 了解自己的心理層面。
- 學習如何與其他孩子互動（Zaichkowsky, Zaichkowsky and Martinek, 1980: 11）。

　　企圖在動作的領域建立認知的發展，有可能會納入一些例子，並延伸與適當地放置 Piaget 著作的相關文獻。不管現今存有多少 Piaget 的著作，許多教育家像是 Athey（1990）、Bruce（1987, 1991, 1997）、Matthews（2002）、Nutbrown（1994）和 Roberts（2002）皆表示需要修改 Piaget 的理論中所堅持的部分。然而，關於提到特定的概念和動作與認知發展階段之間的關係，並沒有意圖要「強迫配合」（force a fit）Piaget 的理論。非常清楚的是，領頭的教育家和動作專家了解動作是隨著發展理論一個接著一個的，而他們所引用的情況是合適且有意義的。較大的欠缺是在提出確切的證據可以被多樣信念和主張所支撐，以及充分且清晰地結合當今教育學與心理學理論。

 研究方案

　　在思考孩子動作活動的特定概念之前，閱讀筆者一個早期的研究也許有所助益，此研究調查進行認知發展的階段是否可以透過動作來認定（Davies, 1976）。我們發現，五歲和十一歲之間的孩子能夠看出相似（分類）、順序差異（順序排列）和構成，動作反映出 Piaget（1953）所提出的階段。這個發現也暗示孩子不只達到這些階段，他們利用自己的動作經驗，這樣做比利用傳統以形狀、大小和顏色為主的測試工具還要早。

　　這個研究方案的部分，在此有特定的關聯，是為了調查五歲、七歲和十一歲孩子的能力所設計的一個動作測試，施行如下：

- 根據一個提供的活動創造出另一個活動。

- 進行重複。
- 描述記住的動作。
- 解析。
- 推翻。

方案的設立

攀爬、平衡和跳躍被選為測試的動作材料，大家都知道這些是在各種題材中兒童的能力範圍內，而且被認為是五至十一歲孩子最常用的三個動作。進一步的安全保護措施，包括：所有孩子前往一般的地點，讓他們體驗所有三個動作，並觀察學生如何施行，然後請孩子創造出一個具有一些平衡、跳躍和攀爬以及他們可以一直重複做的活動。而這個測試形式上來說是為了引導出研究目的，它是根據並出自「孩子熟悉」（child-familiar）的活動，Bruce（1987: 135）認為這個活動有其深藏的意義。

方案的執行

等他們有時間適應這樣的活動後，就提供他們自創活動的情境，分別請孩子談一談，方法如下：

- 在不看器材的狀態下進行描述。
- 對活動中的單獨部分和從全體中挑選出的部分進行評論。
- 改變他們動作的順序。

一般的發現顯示，在三個歲數組別中有很大的不同，而男孩和女孩的完成度並沒有差別。

首先，請孩子在沒有器材的狀態下描述他們的活動，而這對幾乎所有五歲的孩子來說是有一些問題的。在桌邊坐著面對測試者並背對著器材，幾乎所有較年幼的實驗對象都轉過去看他們做活動的特定地點才回答。即使下一個階段將器材完全置於他們的視線內，請他們描述時，其中一些人

還是會離開他們的座位靠近器材，甚至觸碰它。這說明需要用視覺的方式確認動作脈絡以準確地喚回記憶。較年幼的孩子轉過頭去看他們做活動的某個地點，或是透過觸碰來進行肢體接觸，他們似乎在「重溫」（re-visiting）熟悉的脈絡，誠如Donaldson（1978: 25）所提出的「符合他們的人類感官」（human sense to them）之脈絡。

接下來問孩子關於他們能力的問題：

- 看他們活動的一部分跟其他部分的關聯。
- 描述動作的前後連接。
- 描述它是如何開始。
- 描述它是如何結束。

他們記住動作並隨意選擇通道，說明動作內化後的想法，多數七至十一歲的孩子能領會，而只有少數五歲的孩子接近這個層次的運作。

最後的測試，是要他們思考顛倒的動作順序，也就是從他們最後一個動作開始用相反的順序回到第一個動作，發現七歲範圍內只有三分之一完成，這很難跟之前的成功畫上等號。然而經過反思，也許可以有以下爭論；關於他們自創各式各樣的活動時，對於動作的轉接點一個接一個有其自然的流暢度，而違反此順序時，就失去他們與生俱來的邏輯。就像是動作感覺或是Donaldson說的「這種感受力」（the sense）不見了。這跟膠捲或影帶的倒帶很類似，這種感受力或意涵變得與最初的脈絡彼此分離了。

分析結果

這項研究的第一個嘗試性涵義是關於認知發展出現在動作的報告，孩子是先運用肢體作為主要的架構參照，之後才會建構其他如積木一般外在的穩固脈絡。這個發現暗示了另一個面向，關於幼教和幼保動作要素的重要性。由於這項研究的完成，顯示在邏輯運作的學習中，一個固定且具發展順序的概念被挑戰，以及需要順應而修改。現在重要的議題是要按照現今教育理論來檢視動作相關的認知概念。

很快地接著研究報告的完成，請孩子畫出他們攀爬、平衡和跳躍的活動。我們可以發現言語上描述所達的正確和細微程度，已經和他們動作活動中的細節和繁複有同等的顯示，相片 30、31 和 32 三張動作繪畫看出符合孩子的能力表現。看到孩子「組織」繪畫的方法是他們畫出「他們看到的」是相當有趣的。Matthews（1994）關注在幼兒繪畫中的構圖所扮演的重要角色，並點出這並不是一件無關緊要的事。

五歲的孩子

Mandy 的畫表現出活動清楚的差異性。她在兩個箱子中間留下空格象徵跳躍的動作，雖然平衡沒有畫出她的腳接觸長凳，但是向兩旁伸展的雙臂，為現在做什麼動作提供了一個重要的資訊。攀爬比較不是那麼快可以辨認出來的，有一些垂直豎立的攀爬架作為跡象，因此產生了上和下兩方向的活動。

Luke 的畫顯現較清楚的表現。平衡的動作象徵雙腳接觸長凳，而雙臂也有幫助平衡。我們看見跳躍的呈現，他的肢體清楚地在箱子前面越過並跳躍完成，無疑的這是 Luke 最愛的活動。再次證明攀爬是最難表達的動作，攀爬部分透過架子的垂直和水平構造來傳達。

Alison 的畫顯示與 Luke 表現的很類似。向兩旁伸展的雙臂，堅定地畫出「沒有腳的腿」（footless legs）象徵平衡。而「沒有腳的腿」和長凳之間的間隙清楚地象徵跳躍。非常有趣地注意到在這個動作雙臂的消失，可以詮釋成這較不重要，這裡的省略強調它們在平衡的功能。至於架子和攀爬表達得非常好，但 Alison 將她的肢體擺在前面，幾乎融合在一起了。隨著 Alison 繼續「挑出」（sorting out）視覺再現上突出的空間，她很快的將會從背景中突顯她自己。

相片 30　Mandy 的畫

相片 31　Luke 的畫

相片 32　Alison 的畫

🔲 七歲的孩子

接下來的兩張畫（相片 33 和 34）與他們執行的活動更相似了，和前面三幅畫比起來，這兩張的「細緻度」（sophistication）是非常明顯的。

相片 33　Joanna 的畫

與五歲孩子的畫比起來，在 Joanna 的畫中表現出全部三項活動，肢體對著不同且適當的方向。手和腳的使用在這裡更仔細，且都表現出關聯。我們看見她「離開」凳子的跳躍、「依附在」長凳的平衡和「緊握」粗繩的攀爬。膝蓋關節的連接也是值得注意並納入「動作感覺」。有趣的是，推測在這階段的「視覺真實性」不管是來自經驗的活動，也就是自己實行活動連同更高度發展，觀察的技巧也許對這幅畫可見的清晰度有所幫助。

相片 34　Mark 的畫

　　這種來自經驗的可能性尤其與 Mark 的畫有關。舉例來說，雙臂的使用是有細微的區分。規則而整齊的平面姿勢給人一種奮力維持平衡的印象，而較能表現移動的雙臂，更具有流暢本質的奔放。Ives（1984: 152-9）提到，這幅畫表達一種「滿足的表情」的感覺。Mark的頭髮末梢豎立，並透過與畫中其他活動相關的位置分配暗示跳躍的高度，我們因此相信這是個令人興奮的經驗。儘管攀爬呈現相當靜態與對稱的姿勢，距離和遠近畫法非常明顯，跟五歲孩子的畫是不一樣的，肢體表現出朝向「熟記的」（well-remembered）攀爬架的圖案。

下一個步驟

　　這個研究出現一些有趣的訊息，在延續的研究中，仍會與認知發展和動作連結方面有關。現在最需要的是關於幼兒學習的特定動作活動以及這些基模發展的資訊。本章最主要是關心置身之處，並將動作視為思想發展的起源地。

動作與空間基模

　　和孩子互相依存的動作會反映在他們肢體與環境中移動空間的使用，且隨時增加其運用的次數與細緻度。Gerhardt 尤其關心年幼的男孩女孩在空間上的適應。透過她詳細的例證，說明大家是如何把肢體動作當作孩子學習的基礎，而且是必要的要素。她寫道：

> 肢體動作是思想的基礎，它來自以及促成感知能力、意象和思想。
> 每個人組織他的經驗成為他的模式，透過這些模式變成他獨特的
> 參照架構讓他吸收新的資訊。　　　　　　　（Gerhardt, 1973: 12）

　　當幼兒在牆上平衡、攀爬柵欄、跳越小溪流和玩翹翹板時，他們正在發展空間概念。透過這些以及一系列相關的活動，他們漸漸明瞭關於力量、彈性、高度、寬度、距離和接近（proximity）。當孩子對環境產生這樣活潑的反應就會發生空間知識，這是學習重要的部分以及一個適合開始的地方。

觀察 Kriss 的遊戲：一個建構的空間

　　接下來是觀察幼兒在遊戲場一段二十分鐘以上的活動。三歲的Kriss是多數享受在當地公園設施的小孩之一。他的動作具有良好的協調性和節奏感，而且做的動作非常靈敏。然而在這樣特定的時機，最主要的關注是當肢體在空間的使用之際，相對的學習也會因此產生。雖然 Kriss 活動的程度是劇烈的，他的動作主要是在侷限的兩個特定區位之間進行敏捷的來回。在這兩種情境中，他的注意力集中於三個空間要素，那就是「上」、「下」和「通過」。

　　爬上不規則的網子然後沿著桿子滑下是一直重複的活動，總是在頂部平台上停留一會兒才滑下。「我是一個消防隊員，」他說：「他們必須趕

緊到那個地方。」很明顯地，Kriss爬上去為的是要滑下來，這是他活動中最愛的一部分（相片 35）。很快地，他明白必須爬上到一定的高度，才能夠享受他最愛的滑下來的樂趣。利用一組繁複的基模，攀爬和滑下的動作與不規則網子和桿子之間產生關係。之後，當這個活動變得充分而穩定，他已給它一個象徵性的意義，他展示消防隊員必須快速動身的知識，而這與滑下桿子有關。

相片 35 「扮演消防隊員」滑下桿子

Kriss選擇一個梯子和連接的滑道，他找到第二個滑下的狀況。這個活動他也重複了非常多次。梯子底部起點的通道通常是被其他孩子給堵住。起初，他沒選替代和較短的路線，謹守原來的路徑，而不管遇到的障礙以及到達那裡所花的時間。爬過梯子之後，他有時發現滑道的入口已經有人占用，而要等待輪到他的機會。在這種情況下，他無法看到在滑道底部等他的父親，因為其他孩子正輪到。不過，他大喊「等等我，我來了」（相片36）。

相片 36　等待輪到的機會──眼不見但心掛念

除了上、下面向之外，Kriss玩的這兩個交替的活動有其相似之處，一個是在降落之前的攀爬動作，而另一個是降落的型態。在兩種情況下，這與肢體被「掌控」對於自己重量感官元素有關。然而，雖然降落有相似之處，但是有兩個很大的不同。一旦位於滑道的頂點，可讓 Kriss 的肢體進行往下移動的旅程，雙手的釋放是必要的。對肢體運用來說，這比起雙手緊握桿子的「消防隊員滑下動作」較不吃力。提到另一個 Kriss 滑下桿子的相片顯示，在這個階段，他沒有用腳去分擔肢體一些重量，雖然企圖要把它們擺在適當的位置。使用桿子會有相當大的肢體需求，在這方面可能與 Kriss 每次在頂部的停頓，為了準備降落有關。Kriss 做每一個活動遭遇到困難，也會促進快速地即時改變。

雖然在遊戲場有兩種傳統的溜滑梯，但 Kriss 並沒有選擇任何一項，儘管有時是無人使用的。這有可能是因為次要的空間概念，突顯在他的探索遊戲中的是「通過」（going through），因此比起單邊和頂部開放的溜滑梯，封閉像隧道的滑道更和空間基模有關。有一種情況是當他選擇「通過」空間而完全被占據時，他會環顧四周並對父親說：「我知道！我知道我可以去哪裡！」（表示「我知道還有其他的地方可以這麼做」）。然後動身準備離開遊戲場到另一邊的旋轉柵門前往鄰近的場地。他驕傲地展現利用連接兩邊的踏板（step）讓肢體擠壓「通過缺口」。

Kriss一邊對自己說話，一邊做兩個活動，而在休息的時間也用言語向他的爸爸和朋友描述他的動作。他的語言幾乎完全與他所做的有關，頻頻提到他的肢體在哪個空間位置發生的動作。搭配活動的言語表現，是Kriss一個很重要的認知發展要素，如Gerhardt（1973: 31）所指。「話語透過時間保存動作，它們標記著並因此產生經驗。」他的父親在對話交流時扮演一個主動的角色，讓他們在一起的時光不只是友善的時刻，也是一個教育經驗。

Calvin 表示，我們有一種熱情把東西串連起來，並建議這些有組織的細線（structured strings）會變成腦部的核心活動，對語言、說故事、事前計畫、遊戲和道德倫理都非常有用。他寫道：

除了單字變成句子之外，我們將音符結合成為旋律、步伐成為舞蹈，以及精心的敘事成為具有步驟規則的遊戲。（Calvin, 1997: 95）

在 Kriss 的例子中，動作和文字是雙向的串連，這基模的繁複掌握有更多且重大的意義。

從這個二十分鐘的動作探索觀察，包含許多個別性與空間為導向的活動，幼兒常在其他類似的場域中體驗到，我們轉向三個更進一步的動作和認知的實例。

百貨公司：不尋常的遊戲空間

另一個一邊探索穩定的環境，一邊透過動作思考的例子，以三歲的 Nicola 為主角。她發現一個沒有掛衣服的衣桿，當時她的阿姨正在百貨公司付帳。這是一個傳統的兩根衣桿，較低和較高的兩根桿架在相當堅固的柱子之間。Nicola 在其中一支的衣桿底部周圍設計了活動，當她移動時，大聲對自己說著一連串的話：

下面和上面（under and over）
下面和上面
下面和上面
繞啊繞啊繞啊繞（round and round and round and round）

她利用活動的本身和文字來描述它，清楚地建立顯著的空間來強調活動。肢體力行和運用言語表述的結果，Nicola建立了一個有趣的節奏發展，加上在措辭上有決定性和影響力的結尾。在相當熱鬧的百貨公司中，活動也許會出現一些不尋常的事，研究在手邊的東西，對 Nicola 是一個正常的反應。確定的是沒有人（因為阿姨准許她姪女的活動）會為此感到不方便或被干擾到，而沒有焦慮讓她有個無壓力的購物之旅。Nicola 愉快地進行著創造和重複新的活動。Singer 和 Singer（1990: 63）支持此概念，並提

出：「當孩子有能力開放且自由地玩時，他們成為優良的學習者，透過遊戲的踏腳石來發展他們的認知技巧。」

超級市場：是我讓它發生的

另一個孩子透過動作思考的例子，是從一個超級市場內的兩個孩子跟父母親一起等待進入購物區。女孩大約三歲，正在試驗要站靠近自動門多近的距離才能讓它打開。有了哥哥的鼓勵「更靠近一點」或「站得更接近自動門」，她逐漸明白要伸手到某個定點才能啟動它。父母親和形成相當長的排隊人潮分享她開心的尖叫聲。當歡喜迎接她的成功時，現在完全參與的觀眾讓她在第二階段伸手，知道自動門並不會關閉，並允許她再「玩這個遊戲」一次，直到她的主動性退卻。這時她的哥哥用肢體引導她離開站的地方，幫助她讓門關上。然而很明顯地，從她的表達中，此刻的「成功」在於她缺乏必要的理解，這是她哥哥給的解決方法，而不是她的。她繼續親身試驗找出她要上前或後退，剛好多遠的距離才能產生對的反應。最後她成功了，展示在空間、動力和關係方面的動作思考。由以上過程可知，有或沒有哥哥的幫助，得到周圍的人支持與喜悅分享，是相當好玩的。Nicola 提供了社會是多麼重視孩子的資訊，也恰當地說明 Bruce（1997: 16-17）所發現的許多共通準則。

高度和深度的經驗：適應環境

接下來的例子也要展示一個與穩定環境相關的適當動作，這次是跳躍和著地。這在團體脈絡下進行，本質上比起之前的更加繁複。雖然空間的內涵限制在上和下的方向，但這些可延伸和不斷考量的活動，可以表明一個更高層次的認知運作。

一個年齡在四至六歲之間的男孩小團體，正從一個厚木板上跳入一個位於校內操場的攀爬架。他們玩了多次從固定高度跳下的活動之後，就將厚木板抽離，並嵌入更高的階層。這發生很多次，而且當厚木板上升至頂點，男孩們必須爬向前才能觸及。有三個不同的反應：有一些男孩會充滿

自信地在新建立的位置繼續跳；有一些立刻退出，從經驗上知道他們已經達到「個人的最佳狀態」；而少數的人走到厚木板的盡頭，然後在最後一刻決定是否要起跳。有一個男孩在做最後的決定時，將他的想法表達成文字。他說：「它現在更高了，這樣太高而無法跳，跳下去要更往前。」透過一個接一個的情況，這個男孩已確立一個跳躍和著地的參考架構。他串連他覺得「較高」要爬「更往前」的事實，因此要有更遠的距離來跳下去。依照如此的思考過程，他也許會有逐漸增加的不安全感來伴隨他每一次成功的著地。這是經驗的架構，包含喜悅和謹慎的感覺，成為他做決定的嚮導。雖然攀爬和跳躍實質上是個別的活動，但孩子大部分彼此互助合作，加入彼此的力量，觀賞以及等待可能的情況，能注意到這些是非常有趣的。

在本質上，孩子透過一系列自我標準的挑戰來參與這個活動，加上空間概念都是在建立他們自己的知識，這曾在第一章標示。

- 方向：向上的和向下的。
- 伸展和尺寸：大的、小的、近的、遠的。
- 區位：在上面的和在下面的。
- 層次：高的和低的。

雖然所有空間的面向都融入孩子的活動中，很有趣的是注意到一個主題，名為高的和低的，暗示著掌控伸展（extension）、尺寸（size）和方向（direction）的能力，而非特別強調。非常明顯地在這個寬廣又複雜的認知運作地帶，孩子會操作出不一樣的方式。一般來說，較年幼的孩子在一個時間專注於一件或兩件事，而較年長的孩子能夠同時掌控好幾件事。男孩們能依據他們的經驗來反應以及做決定——跳或不跳。

另外，空間辨識的認知能力清楚地顯示在男孩跳躍活動中的依序概念，這是關於看清不同事情之間的差別。在次序和分類（看來相似）的面向，Athey（1990: 41）寫道：

早期動作的次序和分類有它們的來源，應用於廣泛的物品上，之

後則在事件上。在一般常識的領域中，包含了充足的資訊來滿足次序的結構，例如：尺寸、高度、重量、力氣、溫度、多孔性、數量等。

有趣的是，注意到 Athey 列出的前兩個次序結構，也就是尺寸（size）和高度（height），這在第一章動作架構的空間部分有一處說明。而且它所提到的力氣（strength）與重量的動力概念有關。當這些男孩忙於跳躍「事件」（event），可以說他們是用以下的方式按順序來排列他們的動作：

- 透過將厚木板逐漸往結構的高處擺放。
- 透過每次機會爬更高。
- 透過逐漸增加的高度往下看。
- 透過逐漸增加的高度往下跳。

值得注意的是，所有次序要素都與孩子專注於層次運用有關，範圍從高的到低的。從高到低的概念在這裡是個人的，也是全體的概念，一個男孩的最高點與其他人不同。更進一步的例子是在於參與數量逐漸下降，留下來的孩子也有依照順序的傾向，但卻不明顯，直到最後只剩兩個男孩還參與其中。在看完一些其他說明孩子如何從動作中學習的活動之後，我們在本章後段會回到孩子動作活動的秩序感。

兒童和物體的互動性

如同我們所看到的，當孩子在探索和挑戰自然和人造環境的面貌時，他們用特定的方式學習。當他們手握物品並隨意讓它們移動時，學習經驗有非常多的種類。利用一件特定的物品找出「我能做的」，是一個從嬰兒的探索延伸到專業玩家的長時間且極有趣的行為領域。孩子利用一系列基本動作來讓物品移動，以及讓它們持續移動。包含：

- 緊握。
- 滾動。
- 滑動。
- 投擲。
- 接。
- 打擊。
- 推。

知道「如何」實行這些活動與在動力動作中「思考的肢體」有關，經過長時間的嘗試而得到的立即判斷，關於重量、尺寸、形狀和不同器材的動作特性元素。相片 37 顯示德國的 Aaron 嘗試以不同的方式與足球接觸。

自訂規則

到目前為止很少談到制定遊戲活動的規則。首要的情況為：規則是自願接受放進遊戲中的限制，也許他們甚至不把它當規則看待。對幼兒的要求「看我，你看我必須站在這條線的後面然後投球」，是一個自訂規章（regulation）的例子。通常幼兒與孩子一樣在同一個地方玩遊戲。這不是因為特別安排一個時間來活動，就是因為孩子各自自然地加入周圍的活動。有時他們會分享想法，但是三歲以前的幼兒很少會「彼此分享」。和其他孩子都是一樣的，他們滾鐵環或踢球時成為其中的一份子且很有參與感。

當孩子到了更可以合作的階段，他首先和每一個人玩，再逐漸延伸形成小團體。他們把自己的技巧和喜歡的活動放在首位；他們與其他孩子的關係是具有彈性和次要的，而且只有少數規則將他們集結在一起。這些規則起初可改變且寬鬆，是由限制和短暫的交集機會所引起。外套當作是足球的門柱，道路上的線代表遊戲範圍，而適當的樹木位置表示邊界，在規範「這個遊戲」中都有各自扮演的部分，所以也可用程序來制定他們的遊戲。該更替和承接其他角色的時候，誰有最高地位的優勢概念也要得到大家彼此的同意。因為都是孩子自己的規則和規章，他們都了解即使跟大人

相片 37　六歲的 Aaron 嘗試遊戲技巧

解釋也會有一些困難！

　　有時，遊戲是受專業世界的印象所影響。例如：一般看到的足球類型比賽，六歲孩子的動作是狂喜地騰空跳起和手臂往空中勝利的一擊，得分通常伴隨著四處的歡呼和擁抱。隨著這些表達反應頻繁地發生，如此地具有說服力，他們對於專業的比賽一定有如親身經歷的滿足感和認同感。五、六歲孩子的競賽遊戲（games play）呈現另一種存有外來模式與典範的感覺，但不是必然整合的。有時孩子會設立兩個目標區域和組成隊伍的兩個團體。然而，兩隊通常互相幫助然後一同攻向一個目標！比賽進行一半時，用他們所選擇的時間，所有球員改變方向攻往另一個目標。守門員直到這一刻都還沒使用到，如果有，就直接跑到另一個得分區域。

隨著比賽技巧和策略的發展，以及孩子用一個轉換進入具有競爭性的比賽，所以他們制定愈來愈多的比賽規則和規章。大家都知道在中學的最高年級，像這樣的細節通常會妨礙實際的比賽；這是一個隨著表現成果而開始發生仲裁和報告技巧的時機。

適當的供應

提供一些類似遊戲的器材給在家和在幼教場所的孩子，讓他們去分享共有的財產。例如：可以在地上和空中往各種方向並用不同程度的力量移位。然而，每個器材中的個別物件——球、豆袋、呼拉圈、鐵環、球棒、棍棒，各自都有特別吸引人的地方。曾經有人認為幼兒選擇小的素材是隨機的事，現在我們知道這未必是事實。如同 Athey（1990: 41）所指出，孩子持續在尋找物質和經驗能「供給」（feed）他們目前基模的庫存。所謂供給的例子是和動作關聯基模的確認，以及適當的供應來讓它們發展，這需要比這個章節所准許的時間還要多。因此，只提供一件器材呼拉圈作為一些參考，包含建議這應如何完成。

■ 在遊戲中使用呼拉圈

一些呼拉圈的空間特性可以如此分類：

- 它的環狀是連續且封閉的。
- 不管是平放在地上、掛在儲藏釘上，或是被握在手上，它始終保持一樣的形狀。
- 它有一個封閉的和被空間環繞的內部。
- 它可以環繞和圈住肢體、部分肢體和其他物品。
- 它可以滾動。
- 它可以轉動。

起初呼拉圈可能使用起來對於他們的空間屬性沒有任何參考依據。與其他物品滿足運輸基模一樣，非常小的幼兒可能直接扛著它到處走。

Whalley（1994: 93）提供一個例子是關於五歲以下孩子的運輸基模可以伸展的方法。兩歲的Marcus是二至十一歲在團體中一起玩的一個孩子。他一邊扛著他的呼拉圈，一邊看較年長的孩子利用多樣方式玩他們的呼拉圈。他非常熱切想加入，此時 Marcus 將他的頭穿過呼拉圈，如相片 38 所捕捉到的畫面一般。

　　最後，孩子利用呼拉圈成為他們特定的特色，他們個人到達「手握技巧」階段和自己的動作喜好。他們讓呼拉圈滾動，和在地上、腰上、手臂上和腿上轉動。他們跳進、跳出、跳過和穿越呼拉圈。後來它們變成在單一、合作和競爭的比賽情況中的球門和攻擊目標區域。當孩子從事象徵性的遊戲時，有時它們成為賽車、降落傘和交通樞紐。

相片 38　被環繞著

家庭、朋友和重要的人：母親與女兒

任何地方都可以透過動作來學習，而不全只是發生在家裡。在相片 39 至 41，我們可以看見三歲的 Harriet 正在體驗大量運用肢體、動力、空間和相關內涵的動作活動。她正在找出她的肢體能做出令人興奮且靈巧的動作。有了巧妙的幫助，她的腳先往上爬、翻過，然後再次著地——一個後空翻。全部的特技旅程是通過母親的雙臂完成的。

這和類似的敏捷活動也許會發生得很快，在此狀況中，連貫性和流動性都很重要。在其他情況下，選擇部分的「競賽遊戲」可以引發較慢的動作，是為了強調什麼正在進行。母親伴隨的語詞像是「你上來囉」、「翻過去囉」和「你下來囉」，這將幫助他們去顯示這個活動發生的不同部分之空間重要性，孩子也可以參與語詞部分。

這個分享活動將第一章所提之動作中的關係類別做很好的描繪。母親的角色是適當的支持，但 Harriet 也盡了一點自己的力量。她用自己的力氣，且她的肢體是非常主動的。注意她的腳如何帶領方向和擺放得多恰當。當母親將她倒轉過去時，她的頭往後，讓她起始往下的軌跡。Harriet 顯然在這個陪伴的遊戲情況中很有自信，而且她的表情顯現一種流暢與自在。這種動作的活動需要彼此信任，也要知道如何掌握和協助。從第二章 Sanna 和 Arne 所展現的遊戲，到這個媽媽和女兒的互動，是如此漫長的過程。

家庭遊戲：兄弟同樂

八歲的 Martin 和六歲的 Graham 兩兄弟自己設計了一個沿著板球邊界線的遊戲。遊戲中所有的型態都是根據當時可得的資源和他們個別的理解力。他們同意根據步伐的數量來權衡投球的長度。在估計多少步伐才接近合理正確的距離方面，Martin 帶頭並開始測量投球長度。但從 Graham 的觀點，他發現到這樣的情況而提醒 Martin 說：「不要太大步，因為我沒辦法投那麼遠。」這個意見中含有 Graham 連結 Martin 步伐的長度和所提議板球三柱門距離的能力。這種輪流的方式是和他自己投球的能力有關，跟他哥哥不一樣。

相片 39　上

相片 40　翻越

相片 41　下

朋友間競賽：之間的約定

在「依序活動」中有非常多自發的興趣，就如我們看到男孩的跳躍和著地遊戲一般，通常表示往前一點點或找另一個方式來做某事。在早期階段，孩子的動作活動充滿著「我無法做出比現在更難的」，爾後，「我可以做得比你好」的挑戰出現了。比賽誰能把球拋入空中到接住中間拍手最多下，是最能說明這裡要表達的意思。首先，一群非常年幼的孩子參與這個比賽，可能不會在意去看誰贏了；逐漸發展到了一個或更多孩子專注於做得比別人更好的時期——成為「最棒的」。根據「你能做的任何事我可以做得更好」的一個跳舞經驗主題，將在第八章介紹。

兩個七歲的朋友 Nasreen 和 Shanaz 在活動中加入困難度的概念。他們組成一個投和接的遊戲，目標是一個人投球給另一個人，球掉了就會有懲罰。他們在懲罰標準取得共識，漸漸地也給玩家愈來愈少的戰鬥能力，是按照下列標準：

- 只用一隻手接。
- 一邊膝蓋跪下。
- 兩邊膝蓋跪下。
- 坐下。
- 出局。

如果在這些懲罰姿勢的其中之一，成功地接住球，玩家能夠回到上一個較有利的階段，這樣一來，玩家在失敗的反向順序中恢復等級制的地位。這個遊戲是一個清楚的傳統例子，它經過修正來滿足 Nasreen 和 Shanaz 的需要。這種比賽與增加技巧和熟練有關，而且也關係到自我設定的目標，這些是流傳下來的傳統或是兩者的混合。等級制差別中的跳繩是另一個漸漸變難的例子，具有和自己與別人比賽的特性。可能有下列變化：

- 向前和向後跳。

- 越過前面和後面的繩子。

- 「雙人」跳繩。

- 與一個同伴從繩子內開始跳。

- 在跳繩時一個同伴跑進來一起跳。

- 在別人的跳繩裡跳。

- 跑進別人的跳繩裡跳然後跑出來。

相片 42 可以看到六歲的 Mark 正在進行他的跳繩基模。他知道他必須跳得很高才不會碰到繩子，而且起跳的時間要配合他所控制的繩子。他盡力協調跳躍和繩子的轉動，Mark 的肢體呈現出不對稱的圖樣，而他的注意力已經延伸到他的舌頭了！

相片 42　Mark 會跳繩

學校場域

　　最後一個例子的孩子透過動作學習，現在我們轉向舞蹈，而且特別是一群六、七歲孩子的營火舞蹈。在舞蹈中的某一時刻，他們必須知道如何從大廳的四周到達團體裡面——營火中間。有時進行得非常順利，有時是一團糟，絕對不會兩次都一樣。要先想然後判斷其他人要怎麼解決促成團隊形狀的問題，以及最後他們自然呈現的結果，對一些孩子來說是困難的。如同 Blakemore（2000: 6）所說，一個增強想法理論的理解力，也就是知道別人怎麼想是幼兒智能發展的特徵。然而，這個逐漸增加的給予、接受和替別人著想的能力——在這裡不算誇張——是需要練習的。老師的幫助有助於初次來到的幼兒建立一些指標點（anchor point），然後鼓勵其他人找到一個位置，也許一開始就加入或等到有空間被讓出來。

 小結

　　孩子透過動作學習的一些方式，可從兩個方向去看——廣泛地和透過詳盡地分析特定活動。下一章會運用這些觀察，如同它考慮到適合幼兒時期動作教育的多樣學習和教學環境。

學與教的環境

提供他們被照料和可以茁壯成長的環境，幼兒展現的多元能力讓
他們早期的學習成就引人注目。　　　　　　　　（Fisher, 1996: 7）

　　本章考慮到可以透過適當的環境和教學策略來促進廣義的學與教概念。
連結前三章所建立的想法，目的在於建議如何協助孩子發展動作潛能和增
加學習能力。如此確立了任何行為發展都是取決於孩子和環境兩者的因素。

建立好的開始

　　好的環境十分重要，甚至有的連孩子都還未出生父母親就會提早考慮。
有大量關於這類選擇的著作和建議，像是在家裡生育、在醫院生育、在水
裡生育、生育與音樂的關係，以及是否需要有人在旁陪伴等，在這重要的
時刻，這些是可以用來引導你做決定的。幼小的嬰兒對環境的理解是透過
他們所看到、聽到、摸到和聞到的。隨著在環境互動中不斷地生長與成熟，
生命的前八年是教育過程的核心，這個過程是在家和在不同類型的保育與
教育場域進行的。所有的情境對孩童的學習都是很重要的，所以仔細考量
適當的環境供給是不可或缺的。

　　McPherson、Curtis 和 Loy（1989）注意到許多像是地理、地形和氣候
的限制，這些不可避免地對孩子進行肢體經驗有所侷限。無論如何，雖然
家族或家庭單位之間會對文化、社會和經濟之考量有不同的回應，看起來
大部分都是從頭開始，想盡可能提供豐富與支持的環境來擴展自主性行為。
愈來愈多人使用專業的途徑，例如：幼兒早期學習中心（Early Learning Cen-

tres）、電視節目、遊戲團體、圖書館計畫（library project），和其他許多設計類似的倡導，這些都印證大多數家庭對於把握教育的機會和相關的「生命中好的開始」有極高的重視。

所以，應支持父母親為孩子的教育盡他們所能的這個觀點，Gillian Pugh和 Erica De'Ath（1984: 169）寫道：

大多數的父母親為了孩子盡其所能，即使他們並不確定這是最好的。

這段話裡有些許保留，意味著雖然想要幫忙，但是或許不確定「做到最好」的狀態要如何拿捏。認清父母親對教育孩子角色的重要性後，英國證照和課程當局（QCA）也明白他們必須聯合專業的實行，而且必須加入合作關係。因此他們建議：

父母親是孩子的第一個和最長久的教育者。當父母親和幼教實務工作者在幼兒早期就開始合作，這對孩子的發展和學習結果都會有正面的影響。 （QCA, 2000: 9）

在動作方面，肢體活動和幼兒似乎是密不可分的——手牽手走路並成為自然且珍貴的夥伴。有時父母親和幼教工作者供給的最主要目的是要藉由鼓勵孩子增加一些肢體上的活動，來讓緊張的情緒消失以及保持勻稱的身材。這些全都是值得讚賞的理由，至於那些否定關於健康、體適能和自信感的重要性是滿愚蠢的。許多人會贊同 Roberton 和 Halverson（1984: 11）所說：「所有孩子都應得到在控制動作移動時成為有自信且有能力的機會。」不過這都只是情況中的一部分。

學與教：一個以動作為本的環境

接著是學習和教育環境與特定動作供應種類，以及個人及團體達到的發展順序有關。如同前幾章所表示，孩子會一直尋找方法，探索他們目前

所在的環境。舉例來說，我們看見一個兩歲的孩子推著她的推車和 Nicola 曬衣桿的探索。與三歲的 Lucy、六歲的 Aaron 在相片 43 和 44 中顯示，他們都是滿足一個特定動作喜好的例子，這個例子顯現的是呼應對穩定肢體環境特色的挑戰。

在家裡和附近：自然且有建構性的環境

　　孩子住的不管是住宅、層數少或多的公寓、活動房屋、旅館、收容所或帳篷，能接近家庭生活的遊戲是非常重要的。人行道、「沒有車輛來往」的街道，和住宅區的遊戲專用區域，都給予平時使用的欄杆、台階、圍牆和柵欄門來激發靈敏的活動。當地鄰居所提供的直接和日常的機會與經驗是誘人的。很多孩子在經常去的地方遊戲。如果花園和街道遊戲的立即性和經常性是有利的，不過缺點就在於它們的不可變更性。如同 Brierley（1987: 111）提醒我們：

> 頭腦因變化和刺激而成長茁壯。一成不變的環境、只有一種玩法
> 的玩具、教室擺設陳列太久，很快都會被頭腦漠視。

　　大部分的家庭對於花園提供孩子攀爬架、鞦韆、翹翹板、可攀爬的積木、大盒子和樹屋，都會給予使用權力。無論如何，很重要的是要記住，不管任何地方，這個靈敏單位必須反映在孩子使用的發展順序。如果這個家庭單位包含兩個或更多八歲以下的孩子，這將不會是一件簡單的任務。不同尺寸、形狀和比例的裝備是購買和建立靈敏結構的考慮重點。另一個需要考慮到的是，儘管孩子和大人在某方面可以替換和更改，就像先前「扶著家具走動」的論述，和在跳躍活動中改變厚板層級高度的那個男孩。然而，以家庭和學校生活為基礎特色的固定設計，其設備在使用中並不鼓勵做替換和更改。因此，增強的技巧和活動性必須來自孩子本身的創造力，而不是來自他們對設備的反應。有很多關於孩子初步探索的例子，而且包含這些類型像是：

相片 43　新的和困難的動作會伴隨著緊繃的力流

相片 44　新的環境挑戰

- 往攀爬架的最頂端爬時，交替使用間隔的橫桿。
- 下樓梯時不用腳。
- 站著而不是坐著盪鞦韆。
- 當鞦韆還在動的時候就跳下來。
- 爬上溜滑道而不是溜下來，導致方向和動作的改變。

如同先前所建議的，技巧的動作在一個安全且可信任的情境，例如：花園或最接近的鄰近之處，到最後都需要在一個廣泛和較不可預期的脈絡中體驗。可以帶家裡所有年幼的成員，根據他們目前的發展順序，到公園、冒險遊戲場或鄉村去郊遊，他們可以找尋嘗試平衡技巧的地方、發現可以讓他們跳下的小石頭和岩石，以及尋找可以讓他們攀爬和擺盪的樹。所有的活動不只反映在個人的基模導向興趣，也反映出當時的瘋狂。

■ 我所需要的是我──而有時候是你

當肢體的靈敏度在沒有建構性設備的參考下，在某些方面是準備起來較簡單而且絕對較不昂貴。這是孩子專注於發現什麼是他們肢體會和不會做的階段。明顯地，接近家裡的花園和可任意變化的室內裝置在這裡是很重要的，尤其是如果他們能加入草坪、走道、斜坡、台階、地毯和坐墊──孩子可以用手和頭支撐倒立、跑步、翻滾，和他們平衡時做出特技和運動潛能的地方。

當孩子對實行特技型態的動作機會做出準備好的反應時，他們對於自己肢體的反應創造力和技巧的測驗是成熟的，以及會與家人和朋友分享及傳遞其「模式」。觀察用何種方式把一般的能力形成技巧是很有趣的。孩子會發現該停止或繼續的時間；他們有能力去判斷自己個人準備就緒的時刻，例如：在做出前滾翻之前，會從雙腿的中間看出去，以及表現各式各樣的翻滾活動。在相片 45 可以看到，四歲的 David 試著幾乎做出所謂的倒立。他和地板有三個接觸點──頭和兩隻手。這也許是他想做一個前滾翻，否則他不會知道接下來會發生什麼事，而且結果會是一個驚喜。這個驚喜

相片 45　三個支撐點的平衡

元素對幼兒來說是正常的，而且是緊跟著一種或兩種發展；在這個例子中，他們不是開心地企圖再嘗試一次技巧以達到期望結果，就是受到太大的驚嚇，然後倉促地放棄下次再做的念頭。

　　景觀美化、河堤景色、斜坡、山丘、樹木、溝渠、踏腳石和河岸，更能提供一個比在家更寬廣的機會去體驗特技和運動活動。如同 Bruce（1997）所描述的，「重要他人」（significant other people）在這裡和其他區域的活動一樣非常重要。第一次企圖是用一隻手來穩定腳讓倒立平衡，協助頭部縮進去就像要開始做一個前滾翻，握住一根樹枝讓別人跳過，都是學習經驗中重要的促成因素。

戲水及更多

在水中的靈敏度是童年學習相當重要的部分。享受洗澡時光、花園池塘邊玩水，以及到當地浴場的兒童池，讓孩子不怕水而有安全感。往水的裡面、穿越、往下面和在水面移動，是很棒的前導水中技巧，很明顯的原因是生存技巧應該盡早教導。

相片 46　Zach 喜歡洗澡和打水花

在這些初期的水中活動中會產生許多學習的方式，尤其是有玩具、漂浮物和道具在手邊時。我突然想起兩個大約兩歲的學步小孩的遊戲，他們坐在游泳池水中的台階上。其中一個女孩發現一瓶漂浮在水面上的塑膠罐，她將罐子裝滿水，然後輕輕地倒在另一個人的頭上。當她這麼做時，她說要幫她的朋友洗頭，而她的朋友把頭彎向前，並且閉上眼睛扮演自己的角色。接著，猶如她正好想起還有另一種洗頭的樣子，這次「美髮師」在罐

子裡只裝了一點水，把它當成洗髮精將它搓揉進頭皮，而不是沖洗（rinse）。誰可以料想到這些家事活動會透過水、罐子和朋友間的並列而發生？誰可以料想到實行洗頭髮的動作時，正在學步的小孩「變成」母親或美髮師，讓她最初的動作形成她的個性特質？

一旦孩子在當地游泳池、室內游泳池和親水公園開始變得能靠自己時，也許就是該鼓勵在水中保持漂浮和推進的時候——游泳！這個開心的元素是下一個發展階段開端的重點，而且家人、朋友持續積極參與學習過程和提供學習機會與安全無虞都是很重要的。舉例來說，當母親揹著孩子在背上游泳時，會有各式各樣的學習（機會）在這裡呈現、分享，或再次建立基模互動的活動中發生。這樣的學習機會包含：

- 感受這律動性的活動牽涉到力量和調適。
- 呼吸及吐氣。
- 穿越游泳池時，重視水平軌道的活動。
- 涵蓋空間是一點點或是很長的。
- 移動中物體的平衡感。

如同他們創造出像「水中旅程」的遊戲，幼兒通常在經過人群時，會將注意力放在發生的事情上，並跟站在對面的人們揮手。當他們自信心增強時，孩子會變得更加主動去駕馭這類情境。他們可能會模仿載運者的手臂活動，並不需要馬上配合他們進入游泳活動的感覺。隨著時間的進展，他們就會預備好自行游泳的一些動作。孩子經常朝向展開雙臂等待中的大人，而大人必須警覺危險性，並準備好向前移動來挽救。一旦這個活動熟練後，就是增加距離範圍，或暗示大人該站在泳池的側邊而非前方的時候了。

不管在哪個年紀第一次嘗試游泳，鼓勵孩子對「動作」整體性的嘗試，比專注在如手臂、腳或肢體分別的動作來得重要。更後期特定技巧被視為重點，而且也成為「指導」的重要事項。非常有趣的是，Magill 寫到關於練習技巧，雖然他的著作並沒有詳述於幼教整體或部分學習的方法，但是

以下的摘要特別對於這個章節有很大的幫助。他指出：

> 偏好整套技巧練習是有爭議的，但是這個經驗會幫助學習者在所
> 有組成動作技巧的流動感方面得到很好的感受。
>
> （Magill, 1998: 252）

在這些以水為觀點的活動例子中，從近側發展到潛能發展的區位操作可以很清楚地被看見。當然，進步並不是那麼直接和線性的事情，而如同 Nutbrown（1994: 24）提醒我們的：

> 思考「基模再訪」（schemas revisited）的論點可能是有幫助的，
> 孩子經由吸收特別的基模建立他們的知識，爾後用更成熟的肢體
> 動作、語言和思考，轉而探索出進一步的基模。

遊戲從何開始？

這裡的重點是提供一個環境來讓孩子發展靈活度，而且最基礎的是，他們企圖使物體移動或者操作在移動中的物體。Wetton（1988: 111）稱這些為「操作技巧」（manipulative skills）。有時候，肢體發展沒有比其他領域的動作活動更受重視，因為它涉及不可預知性與變化的要素。因此，許多目前的著作傾向重視發生在五歲以下的發展。肢體發展部分例外的是在基礎階段課程指標，其中有一些例子標示出什麼是孩子能力所及的，並且這和幼教工作者的責任有關（QCA, 2000: 100-5）。然而，課程指標是為了三到五歲的孩子而設，如同文章開頭所建議的，「孩子到三歲時應該已經學到很多東西」（ibid.: 6）。一些操作遊戲的基礎可以在很早的年齡觀察到，有些以我們最頂尖足球員、板球員和籃球員的非凡能力，可以在較年幼的嬰兒動作中發現。伸、緊握、釋放、專注、追蹤、打、推和拉只是其中的一部分。跟動作一樣，當孩子專注於獨自的遊戲時，遊戲的策略也是

很明顯的，例如：抓取一個玩具和將它扔在地板上。當嬰兒全神貫注在他們獨自的遊戲時，會配合著先前自訂的規則，父母親通常希望能有兩個人互動的遊戲。這也許包含了嬰兒會跟大人伸手或拿東西，然後放進嘴巴裡。

如同先前所指出，讓物品移動是繁複的操作，注意力必須放在肢體，以及利用其他方式滾動、丟出、抓住、擊或推動上。當你已經會拍球時，似乎覺得這是簡單的活動，而拍球是一個持續改變操作的例子，通常對四、五歲孩子的感知能力和手眼協調是有困難的，在這種活動中，要結合敏捷、運動本領和操作技巧是非常大的挑戰。這樣操作的複雜程度讓我們知道為什麼幼兒要那麼熱切專注，又為什麼需要不斷的讚美，以及為什麼在這個領域要達到的動作是那麼多樣。相片 47 顯示六歲的 Richard 在接球時是站在多遠的距離，他非常專注，而且他的手臂和手掌是準備好去接球的。所以他現在就站在適當的位置，很快地他將學習往前方的球靠近。他會從累增的經驗和成功中得到自信，目前他站姿的特徵是一種緊繃的力流限制，雖然他必須維持這種姿勢才能讓他的投球變得精準而有效率，以後這樣的限制就會減少。

在提供遊戲導向活動的經驗中，一系列器材的種類和形狀、尺寸和顏色都很重要。非常年幼的孩子在最初投和接的企圖時，需要抓起來柔軟且可塑形的物體，而且可被敲擊的面積必須是寬廣的。是否要提供較硬的物品和縮小尺寸，必須由他們的照顧者來判斷。所以，兩件器材的操作也是一樣，例如：一個球棒和一顆球。

我們可以跳支舞嗎？

跳舞這件事，可以說是在家中最簡單的提供。但是，在別的地方有可能是因為互動的人較不明確具體，而活動區域通常較不能完全配合。在缺乏常駐的外在建構，像是敏捷性器材、球棒和球，這些可以占據四肢、引領目光，以及像跳舞般的活動，常常只有驚鴻一瞥而不會永遠被記住。當歡迎如此大量卻時刻短暫的自主性活動，跳舞就要像其他的動作種類一樣，必須穿插在日常活動中。尤其是孩子需要跳舞的空間，也許必須將家具推

到牆邊，打通相隔的房間，或是在花園裡找一個安靜的角落。有很多資源可以用來鼓勵孩子跳舞，而這些都在第七章中闡明。兄弟、姊妹、父母和朋友所扮演的角色是不容小覷的。與人同樂是幼兒喜愛的，尤其是作為被大人雙手牽著的舞伴，他們一起「舞動」是最開心的一件事！

相片 47　試圖接球的初期

離家以外：為幼兒做的預備

在家裡動作的本質和延伸供應，與父母個人的決定和空間的利用性有關，它也因每個家庭中日常習慣和格局擺設不同而有所變化。從家庭的基礎來看，轉換到更寬廣的環境必須取決於大人個別的狀態和培養孩子的哲學。較小的孩子在進入部分或全時的幼教機構前，他們都會經歷和父母與一群學步兒，或是一個看顧者一段相處的時期，不管他們是專業人員、鄰居或是家庭一員。

自從 2000 年起《基礎階段課程指標》（*Curriculum Guidance for the Foundation Stage*）已經對三歲到學齡前的幼兒在態度和實踐上有所改變。和之前課程指標的孤立價值系統相較之下，這個版本在一般認知上較為深入，強調五歲以下的孩子需要參與體能活動。儘管這似乎和在家裡所發生

相片 48　Harriet 和母親一起跳舞

的方式看起來很類似，但是在幼教機構中彰顯的動作種類不盡相同。它著眼於有效率的學習，以及幼教工作者的角色連結——因為他們被視為是課程計畫與實施過程中重要的委託人。在資源方面，供應也許和最好的家庭配置類似，但大部分的例子是有一大群不同的孩子，卻要以相似的發展順序來教養。在室內和室外具敏捷性建構物的設計上，似乎要給予更多一點的學習訊息，而且最好的是提供一般日常生活的資源。在這個年紀的孩子同時需要穩定和移動的裝備，此裝備可用在大的肌肉群組；他們可以爬過大桶子與輪胎、卡車與手推車，以及各種他們可以推、拉和踩，有輪子的玩具。

　　在相片 49 中的三個孩子玩的運輸遊戲是一種豐富的學習情況。增加一個到兩個乘客起初會對「駕駛者」產生一些困難，像是在啟動和保持行進方面，她說：「車子動不了！」孩子之間連續性的對話談到了這個困難增加的原因，內容是關於：

相片 49　分類出勁力、重量和數量

- 「駕駛者」的勁力部分,她了解必須踩得更用力。
- 重量,因為車子乘載過重。
- 數量,因為是兩個乘客而非一個。

有趣的是,發現駕駛的操控也會被影響,雖然孩子沒有討論這個議題。在他們的旅程中不再有「轉彎」,當下他們用慢速進行直線前進的路徑。理想中,這些孩子會被鼓勵去參與類似的情況,他們可以比較重量、數量和勁力的輸出,然後根據他們親身的觀察達成結論。一個幼教工作者的重要角色是提供每一個在基礎階段幼教機構的孩子學習的機會,讓他們做最大的發揮。這樣的角色被Athey認為是延續整體初等教育的主軸,那是要:

自發性的內容結構供給並非可以在家、街上或遊戲場上建立起來。換句話說,在教育機構中可以提供有價值的課程內容,如果學習者接收得到,會延伸出具教育性的認知結構。

(Athey, 1990: 41)

提供一個整體接受動作的準備是童年重要的要素,它的本質和內容是關於各式各樣的保育和教育的議題,曾經在資料上顯示,當快速的肢體和智能發展,這些能力更能表現在孩子所處的生活中。

小學的預備

對於進入主流教育的孩子,其中一個最主要的差異是一天的結構。特別的學習區有它一定的規劃,而且有分配好的時間區塊,在關鍵階段一和二(Key Stages 1 and 2)以及國家認可的核心課程中,英文、數學和自然科學被九個科目所支持,其中一個是包含舞蹈的體育課。雖然學校可能選擇他們安排課程的方式,包含每一個指定科目的學習流程,證據顯示大部分的時間都給了主科。有趣的是,觀察《英國小學老師指導手冊》(*Handbook for Primary Teachers in England*)的開端有一個特別關於體育課的內容

說明：

> 政府認為一個星期要有兩個小時的肢體活動，包括國家課程中規
> 定的體育跟其他課外活動，這對所有學校是一個啟發，並適用於
> 每一個重要的關鍵階段。　　　　　　（DfEE and QCA, 1999: 16）

　　本質上，小學的學生應該能夠參與七大領域（運動、舞蹈、遊戲、體能、戶外與冒險活動，和游泳）中的活動課程，我們已經看到的課程中有根源於幼兒時期的動作活動。這對幼教工作者來說，上述是非常令人感到鼓舞的，如果在家中動作活動和幼教機構中，孩子已經被給予預備、支持和引導，他們應該對轉換到小學教育是準備好的。然而，很困難的是老師知道如何分配他們學生所需的時間。在非正式的報告中顯示，雖然有一些學校知道如何配置時間，但在整體上，委員會公布的體育科目仍然被不當使用。

　　在所有幼教和幼保不可或缺的供給之中，由一些人延續著這些最重要的資源，包括：

- 接受和幼兒發展有關的專業教育。
- 提升與組織相關學習範圍的經驗。
- 選取適當裝備與材料。
- 給目前進行的活動賦予意義。
- 評量、監督和記錄孩子的學習。
- 在他們自己的實務經驗中反思，來告知未來的決定和改變。

　　根據Ball（1994: 56）所言，給予高品質的供應是他們的能力和訓練的關鍵要素。這個觀點被Nutbrown（1994: 155）所支持，他提出幼兒應該被當作一個有能力的思考者和學習者來尊重。接著說這樣的尊重應該被承認：

> 確認和幼兒一起工作的大人是被良好訓練的、具有資格與經驗的

人，可以處理任務的多樣性，而且尊重受過獎項和有著作被認可的專業團隊人員。

學習的情境：一個具變通性的引導方式

雖然在家裡、幼教、幼稚園和小學的學校場域，運用的學習和教育策略都不同，但是在這些地方都有共同的特定經驗階段。這四個階段可以用來當作引導各種類型的活動段落，並提供給所有年齡層的孩子靈活和貼切的運用：

- 自由探索。
- 引導探索。
- 鞏固加強。
- 延伸學習。

自由探索

自由探索就如字面上所說的，當孩子在兒童搖床中、小溪流旁、綠坡地上，或在一個非常有組織的體操課或舞蹈課時，他們對任何動作相關狀況的天真反應。自由探索讓孩子用他們喜歡的方式來動，嘗試活動和點子。它描述一個開放式的、非干涉主義者的學習狀況，並且代表連續的一個終點；在另一個端點是固定的，直接和鉅細靡遺的固定教學技巧。孩子要探索他們自己找到的靜態、可活動和藝術的環境，它發生的時機是在當個人有意願，且有人負責提供的安全範圍內才會活躍起來。一般對於 1970 年代肢體教育者的觀點，探索是一個初期抽象的階段，它接著的是更進階的策略，像是技巧的獲得與問題的解決。這個觀點是一些意指著問題尚未解決、在探索中沒有學到技巧，以及人們在長大後就停止探索。事實上，自由探索應用在動作教育和娛樂消遣中，是一個嚴肅和有意義的活動。

動作基模和自由探索

就整套寬廣範圍的動作可能性來看，有肢體、空間、動力和關係四個向度，已經於第一章開啟，它們可以被適切地重新分類成一個「基模」的技能。孩子到了托兒所，有一些他們可自由使用的動作，例如：跑步、跳躍、平衡、擺姿勢、扭轉和攀爬，並且知道關於一些像高高地往上以及低低地往下，伸展開來以及蜷縮起來，還有很慢和很快地移動。自由探索一個新的環境讓肢體、動力和空間基模發揮得淋漓盡致。Athey（1990: 37）表示：「經驗使認知結構同化，而且這是獲得知識的方法。」動作強度（intensity）與孩子令人注目的流暢性基模運用是不可被錯估的。他們反覆地爬上爬下不規則的網子（scrambling net），利用他們的垂直基模，不斷地扭轉顯示對環狀空間概念的喜好，以及加入動力基模的使用，沿著小路精神百倍地踩著一輛三輪車。一個相似的動作強度可以在八歲孩子的「糾纏」活動中看見，他們嘗試運用肢體在活動架上移動，或是在足球場上運球。

重要的是，基模在動作上的認同跟孩子其他面向的學習一樣，尤其這是真正的動力表徵。Bruce（1997: 70）讓我們注意到一個事實：「在幼教機構中，學校和父母親傾向於鼓勵孩子在形狀方面的基模（configurative aspects of schemas），更甚於動力方面的發展。」

延伸的基模

有時孩子的基模有些微地「展開」，而且它們變得更廣泛。例如：曾有一位四歲的孩子有很好的體驗，像是沿著圖書館的牆壁、學校外面高高的路邊石，或者是在其他熟悉的地點準備好把握其他平衡的機會。這有可能發生在公園裡，像是發現兩根平行的桿子，而中間的空隙就是遊戲場中孩子可以靈活運用的器材部分。在這樣新的狀況下，也許能夠利用孩子現有的平衡動作基模面對平衡成功的可能性，不然的話，也許需要經過修正才能夠適應不熟悉的結構。觀察七歲小女孩 Tanya 的企圖，和這種修正或

適應的行為有關，她善於攀爬固定的垂直梯子，但是第一次接觸繩梯。顯然地，她還沒準備好會遇到以下幾個不同點：

- 繩梯有移動與擺盪的本質。
- 只有一端是固定的。
- 繩子取代了木材。

然而，相當清楚的是，除了這些顯著的差異以外，繩梯的一些特性是她熟悉的，像是水平的梯級和垂直的梯子這些特有的東西，一開始或許讓她認為有那麼一個地方可以滿足她喜歡攀爬的心。在經過多次練習後，她逐漸擁有一套延伸與攀爬有關的基模，而且也增加了自信。

基模變得更加協調

爭論關於所有年齡層的人在自由探索時期的學習，重要的是要強調有一些元素的呈現，會讓這些在家和在幼教機構的幼兒情況，不同於那些進入幼稚園和小學的人。當同化作用的過程在生命中持續進行，相異性必然出現在基模本身。如同所有的基模，動作基模會逐漸變得更加協調，並且包含了許多繁複的點子。在這最簡單的層次，也許是一個五歲的孩子嘗試在繩子上擺盪，而八歲的孩子可以靈敏地使用一或二條繩子來擺盪或攀爬，則表示一個更進階的層次。在學習光譜中遙遠的一端，是一個會利用肢體不同部位的支撐來擺盪高空鞦韆的能手，而且會執行一系列空中驚人的動力特技。在最高的作用層次中，我們發現編舞家的舞步創作靈感來自扶手椅，還有在體育館中的奧林匹克教練創造一套雙槓的動作。動作已經真正成為內在化的思維。

引導探索

雖然在自由探索時有一個小小潛藏的引導因素，像是提供器材或是給予回饋，但是這用在引導探索時，會出現更具體的方式去促進、塑造和影響動作方面的結果。大人所引導的經驗涉及動作反應的導向，透過父母、

老師和其他參與者所提供的機會、建議、任務和挑戰。這是一種透過某些程度限制的學習狀態，使用得當會產生：

- 更加多才多藝。
- 增加熟練度。
- 更明確意圖和結果。

　　大人鼓勵的體驗是根據過往的脈絡而有多種可能。通常較小的幼兒或是沒有經驗的孩子就要面對更寬闊與廣泛的動作挑戰。當孩子在家裡或幼教機構中，為個別孩子尋找適當的挑戰和了解他們最近在做什麼是較為簡單的。例如：適當的建議會是「找到可以從架上跳下來的地方」、「試試看在墊子上做你剛才做的動作」，或者是「隨著一首最愛的歌跳舞」。有時父母親和老師必須面對一群分享空間或設備的孩子，所建議的必須是具共通性的讓每一個孩子掌握。就個體而言，各種限制需要一些程度的調適，而且任務愈具體和愈要求做到，在這群體或課堂中的每一個孩子就愈不可能遵從。設計挑戰可以是簡單或繁複的、狹窄或廣泛的，並根據人數多寡的反應來設想。建議挑戰孩子的動作創意以及在各個發展階段的技巧將會在下一個章節中被列出來，但是此刻想想個別或在團體中的孩子也許是有幫助的，看誰有能力去應付下列的建議。當你看到這些時，心中先有個特定的孩子，會幫助尋找適合通往學習里程碑的挑戰：

- 讓你的手和腳隨著音樂跳舞。
- 當你運用器材舞動時，盡你所能伸展你的肢體。
- 練習跑步運球，挑戰不同高度的彈跳。
- 利用你的手和腳在自由運用的架上移動，並只往一個方向進行。
- 編創一支有三段的舞蹈，並且在結束時用一個小而接近地面的動作。

　　當孩子的專業判斷成長以及他們的動作基模逐漸變得繁複和協調，就可以讓固定的動作模式開始在課堂裡、在外面的社團與組織裡扮演重要的角色。芭蕾和現代舞蹈課、滑雪假期、游泳、閒聊式和遊戲性的社團（rambling and games clubs）只是學校以外活動的一小部分，此刻已經開始擁有興趣了。

鞏固加強

在孩子近期中學習到的技巧，需要時間來鞏固加強而變得安全無慮。像是在熟悉的脈絡下進行他們的活動一樣，會遭遇到相似的困難，所以需要更加強已學到的技巧。有時會有一個傾向或是企圖在一層具有技巧性或有創意的活動上去建構另一層技巧——一個如同等級制（hierarchically）結構模式的學習，這常常導致壓力，因為沒有辦法應付逐漸增加的困難挑戰。要大人不鼓勵所謂的晉級是很困難的，因為他們很清楚知道接下來會發生什麼事。這對小學生而言（也許部分是父母所熱切表達的），想要繼續接著看下一本更難的書，是因為這樣表示進步和「跟得上」，而不是去享受其他同年級讀的書。然而像後者這樣的經驗，不費力而喜愛這樣的活動去得到閱讀的喜悅，或是向外的延伸讀寫能力是必要的良好練習，這與動作教育一樣重要。它的重要性是因為如此一來，可以給予孩子機會來使用他們新的動作知識和理解，在舞蹈、遊戲或體育在各式各樣的情況中運用它，而且這在未來的目標中是不可或缺的，因為它提供現階段孩子的經驗，此時此刻可以得到許多預期的益處。Margaret Donaldson（1978: 32）提醒關於「學習語言而不是學習說話」的危險。類似的心境像是 Keith Swanwick（1982: 9）特別提到的藝術教育，論點是：

> 無疑地，教育比擁有「經驗」或是獲得一套技能與了解真相還多。
> 它必須做到發展理解力和洞察力；是心智的品質。

雖然 Swanwick 的話是關於藝術教育，但它一樣可以應用在所有的動作教育中。他和 Donaldson 的信息表示，動作語彙的獲得和學著去動不一定是同義的。

在闡述包含各個階段發展中不同角度的經驗，我們必須記住，有時需

要鼓勵孩子離開他們出現被卡住和變得較無意義的動作活動。這可能是一個像是從形似河堤上滾下來、一段特別的舞蹈，或一場最喜歡的球賽的特定活動。在所有的狀況中，大人會需要找到方式讓孩子「繼續」，雖然要尊重他們所熟悉的，但也要配合他們可掌控卻不熟悉的，如此來擔保進步。

延伸學習

　　這個階段的活動要談的是孩子擴展和結合他們動作基模的目的，這會讓他們所做的事變得更多才多藝、熟練和「人格化」（personalised），孩子自己會意識到可以延伸活動的方法。讀者也許會想起以前自己的童年，去睡覺時很難脫離當下的「瘋狂」想法，而且已經開始計畫著明天要做什麼了。然而，除了這種自我訂立的自由延伸學習之外，還有由大人引導特別為孩子設定的挑戰，這在幼兒教育中逐漸扮演重要的角色，接下來在幼稚園和小學，當大人重新定位為老師時，就可完全看出這樣的結果。再次強調對孩子個別和團體要求的複雜度，需要與他們當下可達到的機能順序一致，這意味著那些參與提出挑戰的人必須能夠精確地配合他們。

比賽

　　孩子是世界上最棒的「比賽者」，他們不僅準確地判斷下一步該做什麼，也知道什麼時候該做。他們這些能力與我們先前探討過的「排序困難」概念有些關聯性，雖然多才多藝也是其中重要的部分。「自我比賽」（self-match）的證據是非常豐富的，孩子自願「接下來要做什麼事」或試圖表現「他們所完成的事」。在這種情況一起討論和評估是學習的重要階段，而且會幫助鞏固加強所發生的事。

　　對老師和父母親來說，要和他們的孩子一樣熟練地創造進步的挑戰是很難的，這個對公平性而言的挑戰帶給大人一定程度的困擾，尤其是在處理團體或全班的事情而不是個人的，但這是值得維護的。令人滿意的配對關鍵就是要發現孩子可以掌握的挑戰，這表示要判斷他們在任何指定的時間與地方會發揮功能，然後發現一個正確的潛能延伸來讓他們嘗試。由於

缺乏適當挑戰程度的研究，因此沒有足夠的相關特定指標，這是動作教育的不利條件。Athey（1990: 16）說明最大的進步是利用數學、科學和語言「符合」孩子能力所及之事。另一方面，有許多直接的證據顯示，孩子本身做的動作活動可以引導我們，可以從孩子奮鬥的程度和他們能完成下個階段要求的能力兩者之間找到中間值。而那種「我完成了」的成功喜悅，以及相距甚遠時表現出的焦慮和沮喪，導致大喊「我不會」或「我放棄」，形成強烈對比。

甚至在這兩個極端關照中必須「判斷得當」。例如：在第一個例子中可以快速而不費吹灰之力地解決問題，就像是只需小小的用力就可以跳得很高。在第二個例子中為了達成最終的成功，一些額外的協助在一開始的階段可能會造成關鍵性的改變。在此情況中，過度的獎勵可能會是一個不適當的回應，像是支持孩子的意願時而放棄另一個目標的情況。如同Roberts（2002: 55）指出：

> 到適當時機給獎勵才是一件重要的事，不要養成在每個場合都給予讚美的習慣，會「讓他處於安逸的一邊」（to be on the safe side）。事實上，安全的那一邊是沒有作為的，當孩子不明不白地被誇獎，很快地他會懷疑所有讚美都是無意義的。

◻ 練習

建構孩子的能力來配合動作的挑戰，是和他們當下理解程度與興趣所在相連結的練習觀點。Brearley（1969: 180）區分兩種練習：一種是和一個設定挑戰相關進行的練習；另一種是幼兒在課堂一開始就熱切使用器材的練習。如果挑戰是來自孩子本身的意願，所以這是他們內在的動機；經由他們的練習，他們將有能力判斷自己的成功或失敗，來達成或無法達成他們自己內心的模範。在過程中的任何時刻，他們可以改變內心的模範，來反映他們對於成功或失敗的觀點。例如：一個七歲的孩子可能會要求自己

挑戰越過跳箱，但再嘗試一兩次之後如果沒有明顯的成果，他可能會改變跳上箱子，在上面遊走再跳下另一端，也許能說服自己這就是一開始活動的意圖。四歲的孩子在隧道口猶豫，可能會決定跑到另一端往內看，而非進行期待中穿越隧道的旅程。

　　然而，這並不代表這些意圖造成原始活動的停止。或許是那個孩子除了他們自己所設定的練習之外，並不接受相關的挑戰。這伴隨著各種不同的學習狀況，而且最主要的準則是它對個人來說是很有意義和實際的。

和 Lucy 的半個小時：一個行動基模的評量

　　本章節提出一個結論，是用三歲的Lucy（下星期四就四歲了）和她的母親進行一段三十分鐘的遊戲作為評論。可看出Lucy的遊戲是在以動作為基礎的環境脈絡裡，這些幼兒自己發展的具技巧性與多樣性的活動與生活，讓他們知道如何和人們互動。運用學習和教學中自由探索、引導探索、鞏固加強和延伸學習的階段來看 Lucy 的活動，當討論到初期動作活動的支持、豐富與延伸時，Lucy母親扮演參與、看和聽，以及布置下一個章節場景的角色。

　　在這個情況中，Lucy的遊戲環境包含大的、草皮覆蓋區域，以及有斜坡到筆直的水泥小徑。有兩道石頭階梯，每一個都有欄杆加上大尺寸的橡皮球完成這個場景。一般來說，在這三十分鐘內動作活動的層次是高的。Lucy的動作基模包含走路、跑步、平衡、跳躍、快跑和轉身。儘管她在整個下午自由地一個又一個換動作，兩個基模被特別的主動展現出來。

跳躍

　　Lucy發現各式跳躍的地點：她跳上兩個大的橡皮球、跳進母親的懷裡以及穿越草地。曾經，使用小路當軌道，她創造一組多變的跳躍模式，雙腳跳、單腳到另一隻腳以及單腳跳。從這個個人的蒐集，Lucy保有她雙腳到雙腳的跳躍，最後「調適」兩種飛躍步伐之一。她從第五階開始一口氣往下跳向在階梯下等待的母親，她的母親準備好將她高舉向天空來標示這

個階段的結束（相片 50）。Lucy 做了好幾次，這是有趣的所以將它記下來，而不像 Alexandra，朝向父親手臂時在階梯上跌倒了。Lucy 往前推進而且達到一個「真正的」跳躍，這是 Lucy 第一次做這樣的活動。

■ 轉身

轉身是 Lucy 基模中的第二個動作，在她的遊戲中翻跟斗、半滾以及不斷的轉身是十分有特色的動作。當她的母親將她呈現水平飛機懸空翻轉和地面水平，她也體驗了在圈圈中打滾的感覺。之後，當 Lucy 再次在草皮上翻跟斗及轉身時，母親問：「你會這樣做嗎？」然後她很快地做出一個大車輪翻。雖然這個手腳協調的複雜度和接近四肢的方式是為了要承受重量的目的，然而這不在 Lucy 的能力範圍內，但是她很快理解環狀的動作，並做出一個「扭轉的轉身」。這是「第一個」另外加入在她的個人動作基模中，而且馬上成為她的最愛，整個下午她不斷重複她在理解和技巧中發展的基模。之後仍舊回到她原先嘗試跳越遊戲的小徑時，Lucy 將她兩個最熟練的基模——跳躍和轉身——合併在一起。她沿著小徑跑步跳起並在空中轉身。她騰空一下子只跳離地面幾吋而已，但是儘管如此，就像在相片 51 中可以看到，這確實是一個轉身跳躍，而且是一個極好的呈現。

■ 一個新的形狀

在這個密集的遊戲期間，一個更進一步的發現是關於 Lucy 所做的一個新的形狀，一個她變得寬闊和延伸的星星形狀，而可以在相片 4（在第一章）看到她和母親。在這個新發現的活動中，她的快樂是非常明顯的，並持續整個下午，而且似乎沒有任何理由，她可以一次又一次地做動作。

相片 50　離開並下來

相片 51
轉身和跳躍：協調的基模

▢ 評量 Lucy 的遊戲

Lucy 參與了此章節先前所提的四個學習狀態。許多她最初和間歇的活動是試探性的，她對離她最近的台階、欄杆和草皮斜坡等環境做出回應，在她長而瘦小的肢體中看出特技和運動的潛能。母親會透過言語上的建議，或是運用母親自己的動作來教導她，不時引導她進入第二個學習狀態。但是當 Lucy 表現出不感興趣或不喜歡時，很快地這個點子就被捨棄。在這些情況中，Lucy 通常會將自己抽離一段時間，並做一些熟悉和喜歡的事，表示她會做的和她被要求做的之間差距太大了，她無法適應新的挑戰。Lucy 參與的第三個鞏固學習狀態可以看到，在延伸之前，她分別嘗試不同但類似要求的跳躍和轉身動作。最後，她的旋轉與跳躍動作基模結合而產生空中轉身，這是她下午呈現最繁複的協調性。

Lucy 的母親能夠主動參與她的遊戲，顯然是她學習經驗中附帶的好處。與女兒一起透過親身活動分享的動力、空間意象，以及她和 Lucy 自己傳達的興奮感和快樂，幫助創造一個吸引人且可靠的經驗。Lucy 的母親利用話語來確認、描述和擴展她的動作和她所問的問題，同時需要動作和言語上的回答，也幫助 Lucy 的「移動和理解」。Whitehead（1990: 81）用這種方式寫到關於孩子語言發展的重要性：

> 老師最主要關心的應該是要尋求開啟孩子語言潛能的方法：激發一個更寬廣延伸的動作語彙資源和支持更繁複的語言本能。

除了練習目前的活動和發現新的活動之外，Lucy 還喜歡回憶先前的經驗。其中一個是她的「地板舞蹈」，她把小徑當成舞台在上面表演，而在舞蹈結束時她深深鞠躬。這個特定的舞蹈為什麼會跟真實情況一樣重新出現有幾個原因；Lucy 的母親參與舞蹈教學，因此跳舞成為一個熟悉的活動。但是在這些以外，事實上，Lucy 被帶去看芭蕾舞劇「柯碧莉亞」（*Coppelia*）當作她的生日禮物。她會唱當中的一些曲調而且記得故事內

容，因為母親大約在一年前就已經讀給她聽了。

　　Lucy 這段活動期間動作基模的反覆和協調提供一個美好的研究。現在繼續這些觀察與記錄 Lucy 動作和舞蹈遊戲的下一階段發展會是非常有趣的。

 ## 小結

　　對幼教工作者來說，基模的重要性是它提供了一個機制來分析「學習者在哪裡」，以及協助預測類似孩子有興趣的狀況（Bruce, 1997: 73）。

支持、延伸和豐富的動作

我們說到一個孩子從「他在哪裡」開始,這種見解不是要宣稱教育的必要性,而它是一個逃不掉的事實;孩子沒有別的地方可以開始著手。只有教育者才可以從其他多種管道為其開啟。

(Bissex, 1980: 111)

 選擇適當的學習狀態

在先前章節中揀選出自由探索、引導探索、鞏固加強和延伸學習,是因為它們與動作教育相關,是一個特定的學習範圍,而且它們在各式各樣的動作脈絡中,從家裡最初期到關鍵階段一和二的課程都可以變通性地運用。知道各個教學階段所代表的是什麼,父母親、家人、朋友和早期幼兒教育專家可以決定哪些是適合他們孩子目前學習的興趣。在家裡,一對一的關係是非常普遍的,教學階段的順序基本上會與孩子自己開始實施的活動有關。當孩子拓展他們在家以外的經驗,各式各樣逐漸增加有組織的脈絡、建議和挑戰,很有可能會變成以小團體和小班級為導向。

接續的引導方針以及支配著學習狀態的選擇,被認為對各種「促進動作學習」發生的情形是適當的。參與孩子早期動作遊戲的大人、為個別和小團體的幼教工作者和保育員以及班級導師,可以利用這些引導來預備並轉化成更具結構的課程。在這些所有機構中,請記住下列的引導方針是很重要的。

- 所有教學階段對直到八歲孩子的動作發展都很重要。
- 這些教學階段沒有所謂的等級與順序。
- 不是每個動作在課堂／段落中都要從自由探索開始。
- 沒有一個特別的教學階段。
- 教學階段也許會失靈而且發生不只一次。
- 教學階段也許會占用不同長度的時間。
- 不是每個動作都必須在所有教學階段的課堂／段落中發生。
- 教學階段也許會被合併。

　　現在的目標是要看在幾個不同的學習／教學情況中，考量這些階段如何和一些先前與第一章介紹的動作分類相關理論與點子互相結合使用。

一個具變通性的方法

　　在出生到八歲範圍中一般非正規活動段落的形式，從一端到另一端更有結構的課堂皆有共通的思路，雖然其挑戰的本質、教學設備的使用和孩子期望是非常不同的。沒有任何教學內容中的細節是不可侵犯的；一些點子可被替換，雖然對它們來說方式不同。例如：第八章出現以煙火為主題的舞蹈，可以用於年紀較小或較大的團體，並發展不同的教學方式。同樣在第八章，可於三和四歲的孩子進行的「舞蹈遊戲」段落，亦可用於幼稚園和小學的孩子做各式各樣的改造和延伸。這是各種元素和潛能發展評估之間的關係，對各個例子的定義都很適當。

　　所有自發性和結構性的活動段落都可包含自由探索，而這些也可以為接續的引導提出貢獻，包括父母親、幼教工作者和老師所扮演的角色、指導方法，以及能夠讓他們發揮最大的學習效果。他們在這裡當作結構的原動力；他們不管在活動發生的何時何地，確認可以創造出給孩子最棒的動作課程。關於一般的引導方針導致缺乏變通性和封閉的機會也許會有爭議，但是對立面是真的。因為學習狀態的變通性表示孩子的知識發展和動作原理，兩者的努力及結果也許會不同或相關。重要元素運用的例子有：

- 設定場景。
- 觀察結果。
- 給予回饋。
- 參與對話。

提供建議和設置挑戰

有時候大人必須找方法讓孩子動起來；激發和帶領，使他們有興趣以及參與他們。如同之前所述，看他們正在進行哪個過程可透過各種材料的供應，也可透過與孩子溝通的方式，或是透過分享建議他們接下來要做什麼。就像認知、情緒和肢體發展促進了「接受或不接受」類型的建議，常常用在單獨學習的幼兒上，但所有小團體或小班級的孩子也可以適當地回應老師所延伸引導的挑戰。有關聯和開放式的挑戰鼓勵適當的動作反應，因此如果孩子不會回應也沒有危險。他們用來鼓勵探索和即興創作，讓孩子有時間可以參與和鞏固加強先前所學的，並開啟潛能成就的部分。在基礎階段課程指標其中一條法則，是關於給孩子機會參與大人所規劃的以及他們自己計畫的活動（QCA, 2000: 11）。

在寫到開放式結構相對於封閉式結構時，Bruce（1991: 89）關注在四歲的Jack，他被要求用模板和規定的工具做一條魚，牛奶罐的蓋子當鱗片，而衛生紙當作魚尾巴。Jack的做魚活動個人決定的部分非常少，而相對地，大人對於最後成品看起來如何卻賦予很高的期望。動作與這個經驗同樣可以在精準塑形的技巧順序中發現，雖然他完全沒有進入幼教的學習。如同Wetton（1988: Introduction）讓我們想起：「孩子年紀愈小，老師、保育員或輔助者就必須愈專注於人格化和個別化孩子的經驗。」

有時候孩子並不都是會回應大人所給的廣泛建議，興趣是透過看見別人才被引發出來的，不管是孩子或是大人，都參與在動作的特定形式中。「孩子被學習發生的脈絡、參與的人，以及深植的價值觀和信念所影響」（DES, 1990: 67-8）。

觀察

當想到孩子的動作學習，面臨的一個核心特色是來自於大人快速和準確的觀察能力。快速且靈通的觀察，表示評量是即時且同時回報的。沒有因為好的觀察技術來協助孩子，也許會在活動中被「壓制住」（strangle-held），而要花更多沒有必要的時間去達到學習目的。這表示在短期計畫中觀察孩子的重要性，所以 Fisher（1996: 143）寫道：

> 透過動作觀察，實行開放式任務讓他們探索和研究，老師可以得到關於孩子知識和理解力方面，以及他們的技巧和策略的資訊。如果老師要規劃一堂對每個孩子都相關和有效的課程，那麼所有資訊都是必要的。

舉例來說，一個女孩在桿子上快要完成一個後滾翻，也許只是需要讓她知道她必須讓頭跟著身體往後，把腳帶到桿子上面。向她解釋她幾乎做到了，但是還差一點點，因為這個動作的環形推移被她的頭所限制住，然後她接受即時的激勵，並幫助她運用語言引導來付諸實行，也許能表示她就快就符合成功的條件了。這樣支持和鼓勵的建議是基於技巧性的觀察與「潛能」動作等級的了解，它們是要一致的，這也是 Vygotsky 所建議的，並於先前提到過。

也可根據觀察的紀錄和概況分析，作為長期動作評量和評鑑的素材。Hurst（1994: 173）描述一個關於觀察孩子遊戲有趣又重要的看法，他寫到幼教工作者的挑戰是在學習和教學狀況中，要從觀察學起以及確認目標和程序。所有與教育有關的人都承認觀察的重要性，許多任務和監督都需要歸因於老師，不可以沒有透過觀察的參考就去實行。無論如何，動作的練習在本質上是瞬息萬變的，它帶來的一些特定問題必須分別處理。持續記錄的例子，是根據本書中所提到特定情況的動作觀察，這也對於幼教與動作工作者以及理論學者而言都普遍需要的，就是檢視這個重要評量觀點的

本質、紀錄和監督動作，並隨著時間更深入並更仔細。

　　知道在活動、程序或成品方面要評量什麼，跟知道如何評量策略和教學法是一樣重要的。Linfield 和 Warwick（1996: 84）說明：

　　領會到發展概念和程序理解力可讓教育者有目標地規劃，並把觀
　　察當作是一個名副其實的評量工具。

　　Nutbrown（1994: 39）確認延長一段時間在觀察過程中很重要，並主張：

　　其中理解孩子學習程序最簡單的方法，就是花一段時間注意個人，
　　觀察他們基模的興趣，看這些與他們的行為發展、談話和想法有
　　何關聯。

　　非常明顯地，動作會隨著其他部分的學習一起發生，Hurst 分享這種共通的核心概念，就是透過觀察去辨識每一個自我的「特質」。

同時看和說

　　不論年齡、身在何處、做什麼事，與孩子討論他們的動作是學習情況中最主要的部分。它藉由可被評估的成就和理解力，以及它在記錄程序中非常顯著的特色來提供意義。當他們在活動中對於大人和孩子所問的問題，給個別和興趣相投的團體協助和引導，都等同重要。像是如此互相對話的插曲（interludes），對孩子和大人都一樣有高度的價值，當孩子注意力時間延長，一起討論所花的時間也逐漸延長，且內容更加繁複。另一個在孩子和大人一起欣賞和討論中，影響行為重要的要素與「這是誰的動作」有關。非常年幼的孩子的注意力和談話技巧放在「我和我的動作」是可預知的，也許有時關心其他人的動作之前，這些會持續他們的興趣。在他們的學習中，孩子間的對話也很重要，從大人與孩子之間不同類型的相互作用

而產生密切關係。這個觀點支持 Mosston 和 Ashworth 所進行的研究，他們在教學方式的領域雖然不是以孩子童年的動作經驗為導向，不過在這裡卻相當貼切。為新角色和新關係建立情境時，老師接受觀察者和動作者之間社會化的過程，將它保有並當成是在教育中嚮往的目標（Mosston and Ashworth 1994: 67）。尤其是與七、八歲的孩子參與在更多有架構的情況中，互惠教學風格的實踐，老師要「能夠將回饋的權力給學習者」。然而，不管是自然發生的情況或是有結構的，它鼓勵孩子與別人討論發生的事，並交換意見，是教育性的聲音。

　　我們可以從以下兩個活動段落範例廣泛問孩子的問題中，看到動作概念的操作和語彙相似的配合度。必須針對孩子正確類型的問題，才能夠在一個適當的行為下思考並解答。在和最年幼孩子的活動中，問題必須是能夠輔以一些「此地此刻」（here and now）的方式，什麼是他們所能立即捕捉到的，以及「真實的事」（matter of fact）的多變性。像是「我想知道是否」和「假設」類型的問題，以及封閉式和可預知的答案相對抗。在基礎階段課程指標給的建議中強調使用日常生活的對話以及小心框架的問題，是在幼兒發展知識時很重要的，這裡有一個清楚的開放性回答的陳述：

> 使用日常生活對話來發展單字與挑戰想像力、運用開放性的問題，和「讓思考外顯發聲」（think out loud）是很重要的工具。鼓勵孩子反應和告訴別人他們已做的事情……幫助他們為所知道的以及正在練習的思考與新語彙來發聲。　　　　　（QCA, 2000: 23）

　　之後，孩子能夠猜測到一點點，允許那些「如果」或「但是」進入他們的敘述及對話之中，而且能夠從當前的狀況中脫離。Meadows 和 Cashdan（1988: 59）指出：

> 每當我們問一個問題，我們就在對孩子做「要求」……能夠了解廣泛要求可能性的老師，是處於一個很好的位置去變化問題適切

度，在延伸孩子的想像及鞏固他們現有的知識中奮力求得平衡。

在動作活動段落中運用大家都認同的語言交換觀點，是一種對於孩子所成就的技巧、多才多藝和藝術性的表達方式，如此的澄清和清晰度可用來描述以下兩種過程，發生什麼事以及最後的成品——如果有的話。

◼ 較小的孩子

在案例中，兩到三歲孩子動作活動時間最主要的部分是孩子自發性的開啟，或是回應他們自己所提供的這類活動。在其他的時間點，參與父母或哥哥姊姊的活動帶來增強的理解力及同儕之愛的感受。孩子和喜歡的人在一起，這些時間都證明了主要的強調是在「做動作」，也許更恰當的說法是「我在做動作」。誠如我們看到第二章 Lucy 的遊戲段落，那時大人最主要的考量是在孩子個人學習旅程中創造情境，以及「陪伴」孩子，盡可能協助讓他們以自己的方法完成。

簡單活動段落的例子

從段落到課堂、從注意到觀察，以及從協助到挑戰，有兩個重要與不同的觀點都是幼教工作者要面對的。現在接著是兩個動作活動段落，和在第一章出現的四個動作類型其中兩個有關。

第一個與穩定的環境有關，描述一個也許會自然發生或特別為四歲孩子所設計的情況。在這種建議的動作活動段落中，會有一些個別或團體的人加入並負責。他們所有做的會有直接或間接的教學成分，但是這個定義和延伸將會因特定孩子團體和發生活動的脈絡不同而有所差異。這也許是在家中，或各式各樣的團體情境中，範圍從家庭單位和幼兒同年情境到幼稚園和小學。

第二個活動是關於大約在六、七歲的孩子，而且是根據孩子在手握物體和讓它們移動的興趣。在每個例子中，教學和學習情況用以下的措詞來標示：

- 情境的類型。
- 資源。
- 孩子大約的年齡。
- 活動持續的時間。
- 學習狀態。
- 挑戰。
- 大人的角色。

　　當中最重要的資源是與大人負責的學習過程與各式各樣的教學策略有關。這些最年幼孩子的初期活動中，廣泛的範圍從個人導向到透過小學的班級導師或動作專家的引導。這個策略包含：

- 提出建議去挑戰大人和小孩。
- 觀察並記錄一般和特定的類型。
- 跟孩子一起欣賞和討論。
- 學習狀態的實行。

段落❶ 與穩定環境有關的動作活動

資源	有桿子、梯子、厚板、滑道的攀爬結構。
年齡	大約四歲。
時間	十五分鐘或依照孩子感興趣持續的時間。
學習狀態	自由探索。
挑戰	鼓勵孩子依照自己喜歡的方式使用設備。
大人的角色	觀察和評論整體和個別的孩子關於他們所做的。 當他們在活動時關注在部分的肢體和動作。 選擇兩個去表現的活動。 跟孩子一起看以下的例子：

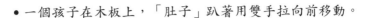

- 一個孩子在木板上,「肚子」趴著用雙手拉向前移動。

- 另一個孩子用手和腳來爬架子。

欣賞與討論 孩子被要求去標示、說出名稱和討論:

- 使用部分肢體。

- 使用不同的方式,例如:沿著……拉或爬。

挑戰 要求孩子回到他們原先的地方,用他們「特殊」的方式再移動回來。

解釋清楚他們所使用的是肢體哪個部位,以及他們按照哪種類型在做動作。他們也許會喜歡在做動作時一邊說出肢體部位和動作。

學習狀態 鞏固加強。

大人的角色 觀察並與孩子討論關於他們在做的動作。

選擇兩個更進一步的例子,並且請孩子在強調肢體部位和動作方面發表意見。

█ 段落 1 的回顧

用這種方式和幼兒一起的活動決定的基礎是假設在一天的固定時間中,無論是在家、遊戲團體、與幼兒保育員或在托兒所,對幼兒來說有機會花時間使用靈巧度設備是重要的。這是一個珍惜機會的案例,發現適當時間點來主動參與孩子學習,這個適切度牽涉到孩子和大人雙邊都要配合和其他以時間、精力與專注力關聯的條件。

我們已經從以上活動圖表中看到第一個任務是要觀察孩子正在做什麼,以及資料如何從觀察中蒐集並能做最好的運用。這個牽涉到當孩子到處移動時,老師作為一個內心的評價。在資料中,大多的動作點子是明顯可見的,然後選擇兩個例子。這個年紀的孩子不總是能夠在所需要的要求上重現成品,而且要求他們試著記住他們正在做的事情是一個好的主意,因為之後其他孩子很可能會呈現出來。在這個案例中有兩個例子被選出——而

且是唯二,用肚子趴在厚木板上,並用手和腳攀爬架子。

對幼兒而言,肢體所有多變的內涵是一個初期參考及再發展循環的架構。看到在這兩個活動中,要求孩子說出與談論牽涉到表現動作的肢體部位。特別是為這個年紀孩子,就因為它們緊密的關聯,要讓他們牢記這兩件事情。這兩個被挑選的活動中,表現出來兩者間所牽涉的肢體部位名稱及移動方式的差異性並非偶然,這讓關於使用差異性的不同意見,幫助孩子描述他們正在觀察或進行的活動。

在第二個鞏固加強階段的活動表格,顯示孩子獲得機會再次專注在「我和我的動作」中。因為一起觀看、命名和描述剛才發生的動作,這次他們將能利用更大的理解度來操作和澄清。大人在團隊四周遊走去鞏固已經進行、正在進行,或學習到的能力,這是段落中的重點。「趣味性盡可能被留存」的時間分配,事實上是反映在幼兒對於單一事件的進行有較多的興趣,也可能有的幼兒會比其他人有更久的專注力。

段落❷ 手握物體並使它們移動──遊戲中的變化與技巧

資源	球、球棒、樹枝、呼拉圈、繩子、豆子袋、環狀物、圓錐體等。
年齡	六至七歲。
時間	三十分鐘。
挑戰	要求孩子去蒐集他們在上一堂課結束前,以及他們創造出活動的練習中所使用的材料。
學習狀態	鞏固加強(使用過的材料與已建立的活動)。
大人的角色	要在班級上遊走,給個別的評論,以及對全班做一般的評論。專注於兩到三個活動,以及和學生討論困難的部分,個別學生的表現還有可能讓活動實施更好的建議。
挑戰	孩子回到活動中,仍記得他們討論過的「有幫助的提示」。
學習狀態	鞏固加強。

挑戰	此次要求孩子選擇不同的材料，並發現「不尋常」的方式使它移動。
學習狀態	引導探索。
大人的角色	觀察及鼓勵個人去實驗使得材料移動的「特別」肢體部位。選擇兩位學生來做預測，例如： • 一個孩子用肢體前方趴著移動，並用他的頭讓球滾動。 • 第二個孩子用雙腳夾住豆子袋跳躍。
欣賞與討論	討論以上兩個活動牽涉到的技巧： • 讓球保持接近頭的掌控度。 • 給肢體的兩個工作——用雙腳夾住豆子袋且要正確跳躍。
挑戰	所有孩子被鼓勵增進他們活動的技巧，並且準備用文字以及行動解釋他們如何操作。
學習狀態	鞏固加強。
挑戰	孩子回到他們在課程一開始及這次創造的活動中所使用的設備場所，無論設備是上下或前後移動。
學習狀態	引導探索（併入鞏固加強）。
大人的角色	選擇兩個對比的例子： • 一個孩子用繩子往前跳躍。 • 另一個孩子向上丟與接橡皮圈。
欣賞與討論	跟孩子討論有關於： • 不同的方向。 • 使用相同的肢體部位。 • 不同的動作。

■ 段落 2 的回顧

　　這個段落是以直接建構和用一段時間——也許是四到五週——進行一系列的課堂計畫。它是基於這個假設性的考量——六至七歲的孩子能夠記

住他們在前一堂課所做的事情，雖然在許多案例中他們可能需要一些幫助。在此確保的知識基礎上，老師可從鞏固加強的階段開始——這個例子中要求孩子蒐集他們前一次所使用的材料。於這個反覆的過程中，老師的角色是加強已經建立好的學習活動。第二個鞏固加強的段落跟隨著觀察以及討論被選擇的活動。這更加關注在本質上，且預測學生能夠轉換一些「有效的暗示」到他們本身的活動中。

　　第二個挑戰在引導探索的學習狀態去實踐老師所鼓勵的探索性活動；經由建議選擇不同材料來發現使它移動的不同方法。在這裡有兩件事要讓孩子記得：不同材料和使用方法。再提一次，兩個重要的策略被使用：老師選出相關的活動，以及一起觀賞與討論選出的活動。如同先前的課堂，老師已經選出兩個相當不一樣的活動向學生展示並形成討論的基礎，在這種情況下，如果選擇兩個內容相似的活動會是很有價值的，因此是根據一種同類別的延伸思考，而不是一種差別性的脈絡。

　　隨著更進一步加強的狀態，孩子已經準備好最後一項任務就是要回到他們一開始使用的材料；但這次是要讓他們的材料往上或往前，因此在遊戲中採用一個空間和軌跡的元素。在遊戲中，讓孩子有充足的時間反應是很重要的。撥出時間一起欣賞和討論，要求孩子分析兩個遊戲，一個是輕巧地跳向前，而另一個是表現出往上拋和接一個橡皮環，這兩個完全不同的遊戲活動相當繁複。除了強調方向的不同，老師利用機會來標示每個動作所需的元素。於課堂的結尾時，請孩子朝著所給的建議再做一次遊戲。

開始、支持、檢查和記錄

　　在孩子動作教育上的注意力可以被支持、延伸和豐富，最後在這裡列出給三至八歲孩子的建議；對個人、小團體或班級的正式或非正式情況。這個表格列舉的只有一個「範例」，所蒐集的建議只是從動作的一個領域而已，那就是敏捷。建議以「短期借貸」（short-term loan）的方式，只是為了動作分類的好處，然而一旦完全被領悟，就會給更多如此的表格來對照任何形式的動作活動。這個特定的蒐集從單單一個動作點子開始，然後

兩個，而複雜度的發展則要依據孩子可被要求的程度。

　　首先，目的是要提供一些建議，父母和幼教工作者可以從這些建議中選出他們認為最相關的。不過，這表格有其他的功能，它能夠檢查沒有注意到的，也許是層次或對稱或形式的動作部位。檢查這些有可能會疏忽的事，最後的考慮應該直接當作一個透過紀錄來回顧追溯的任務。紀錄也許會顯示某些部位過度延伸使用，而良好的建立以及反覆形式的動作模式需要配合新動作的履行來發展。很重要的是，建議的動作內容能夠加強並「充實」（flesh out）於其他地方——像是在家裡、遊戲團體、托兒所或學校——所使用顯著的基模。一個孩子看起來完全專心融入在「在上面和下面」的行為，也許會從一種動作專注的情況中受益，它提供一個本質的機會可以和特定的學習「同謀」（aid and abet）（Athey, 1990）。

　　這裡列舉出的挑戰不必一一使用，就像先前的一樣，它們甚至可以更開放。具替代性地，他們可以從評量幼兒動作中將發生的事來提供基石；不建議孩子嘗試某特定任務，而是那些任務的內容可以是觀察的重點。哪些孩子正在找很多可以跳的地方？有孩子往後移動的例子嗎？誰這幾天對於爬上爬下視線中所有的東西感到有趣？大人在接下來的這些觀察有很多需要提供的，用支持和延伸他們也「發現」正在顯露或正要分享的活動。

　　不管身在何處，孩子喜歡對動作挑戰做反應。有時候他們挑戰自己、有時候他們感激大人設立的挑戰，而且他們常常喜歡為彼此訂定挑戰。接下來的活動是我們可以在周遭看見常常發生的，或者它們可以形成大人帶領經驗的基礎。

活動	動作重點	學習涵義
在一個地方練習跳躍	肢體：動作	必須反覆練習活動——帶出跳躍基模
肢體向前完全伸展	肢體：動作和形狀 空間：方向	要記得兩件事
只用手和腳去移動材料	肢體：部分強調，部分限制	鼓勵創造
肢體的一部分帶領在房間裡移動	肢體：部分領導	肢體一部分帶領其餘的部位需要「排隊」（line up）
兩側的肢體都做同樣的動作	肢體：設計	對稱和平衡的觀念
用肢體不同部位來平衡	肢體：動作和部分支持重量	肢體其餘部分根據平衡重點的調整
在許多不同的地方攀爬	肢體：動作	在不同的情況中尋找攀爬基模可被使用的方式
利用手和腳在地板上／用材料往一個方向移動	肢體：強調部分 空間：方向	要記得兩件事：(a)肢體；(b)空間
在設備底下和上面用一些是慢的、其他是快的移動	空間：區域 動力：時間	注意力集中在動作的「如何」以及「何處」
許多在地板上沒有雙腳支撐重量的活動	肢體：部分限制	強調肢體敏捷度的創造
尋找通過彼此的方法	關係：與同伴	必須適應同伴、和同伴商討以及分擔共同的目標
玩「請你這麼跟我做」	關係：兩人一組——帶領與跟隨	適應帶領者的動作、路線和時間點

圖 21　一個靈活度挑戰的例子列表

小結

孩子不是在無所要求也不是在不知所措的情況中學習。我們可以
利用我們所知道的學習過程來協助孩子去建立在他們已經知道的
事，給他們努力、練習和遊戲的機會。　　　（Roberts, 2002: 82）

表達之事

肢體是你的語言，培養你的語言，能說出你想要的。

（Holm, 1980: 81）

　　大人和幼兒一起活動其中最主要的目標之一，是實際且靈敏的互動。如此自然形成要配合特定的情況，而且也需要很長的一段時間。無論學習供應有多良好與延伸，每天組織多有效，或是「課程」多有教育意義，人與人之間的關係是最根本的重點。孩子思想和感覺的協調最主要是讓所有的學習領域和發展順序中有最大的進展。

 建立範圍

　　我們現在轉向看孩子的動作，此章重點在於情緒和表達行為的連結，而非強調個性理論。它也與肢體語言理論沒有關係，在很多很好的符號和信號研究結集中，都說明其帶著規定的意義。然而我們很關心動作發生的趨勢，取而代之的是看動作在個性表達中扮演的角色，換言之，表達行為如何能夠在動作中被評量。North（1972: 12）寫道：

　　　　如果我們接受人們如何坐、行走和做表情，這都和他們的想法和
　　　　感受有關，接著這只是往前一小步朝向一個更微妙和深入的動作
　　　　組合分析，如此有助於對個性形成一種更清楚的理解力。

　　同樣重要的是，強調此書並不偏向探究觀察的複雜度和動作語句和群

組的詮釋，或是深入研究人類的動作本身。那些希望學習更多的人，應該與拉邦和 Lawrence（1947）、Lamb（1965）、North（1972）、Sherborne（1990），以及許多對這研究廣大無邊領域有貢獻的教育家、治療學家和動作專家有關。這裡要提到的太多了，他們的出版品重點都透過此書內文來強調，同時都包含在參考書目中。

North（1972: 12）建議：「我們都是動作的觀察者——這是常識，而且我們都由對別人的觀察來得到結論。」她表示有很多事可以利用非此領域的專家來完成。在動作表達領域的著作中，與拉邦一同工作的企業家 Lawrence（1947: xv）贊同 North，並表示：

> 一個好的觀察者去看別人的力量表達，不需要有很棒的肢體表達能力。動得好的人也許會是很差的觀察者。

有關幼保的幼教案例已經被嘗試過且試驗過，在藝術中不只是要看而是要看到。如同 Lally（1991: 87）文中提到，Edgington 指出「老師和保育員要被訓練同時觀察，並從觀察中學習」，而且持續熱衷於增進他們的實務。

所有動作都是具表達性的

所有動作，無論多小，都是表達和溝通的方法。動作的表達本質適用於描述的姿勢和功利的（utilitarian）任務上，而且是學習過程中重要的構成要素。透過人格化的動作模式技能，孩子、他們的父母親和老師展現他們成為獨一無二的個體。雖然幼兒利用非常不一樣動作元素的組合，總是有一些元素在特定情況是相當常見的。孩子在揮手方面採取類似的形式；他們點頭和搖頭都是平常的方向；他們擁抱和親吻也是大略相同的方式。但即使是這樣一般的模式中，也很明顯可以觀察到文化和社會的規範，以及個人的差異，這些都是在形成中塑造自己扮演的角色。

情緒和動作

　　動作並不一定能夠解釋每一件我們希望能夠得知關於孩子企圖表達或溝通的事。無論如何，它是一種指標，是一個無價的貢獻者。Whitehead（2002: 5）指出一個重要的觀點，動作扮演一個非語言溝通信號的支持系統，它可以加入我們語言和先於語言指標（prelinguistic indicators）的使用。個人的外型和細微的變化都會促成個體的獨特性，大部分孩子在情緒表達時都有共同點，有一系列的動力形式和模式，例如：生氣、興奮、焦慮和悲痛，而且先看這些表達也許會較有幫助。在某些情況，幼教工作者會看到孩子有下列自然表達的時刻：

- 開心而跳躍。
- 興奮而搖動。
- 小心翼翼地緩緩向前移動。
- 緘默而退縮。
- 生氣而猛烈抨擊。
- 喪氣而沉重地倒下。
- 自豪而急切。
- 全力以赴來應付狀況（rising to the occasion）。
- 堅持到底（digging in their heels）。
- 使他們自己全神或「全身」貫注在遊戲中。

　　藉由這些例子，我們可以看到這種透過動作（跳躍和搖動），以及肢體部位（腳後跟和腳趾），「肢體」顯然保持在表達活動的中心。關於「空間」的方向，像是往前、往後、往上和往下，是隨著他們空間對應的升起和下沉、推進和退縮產生。然而，「動力」是一種質性元素，表示活動在力量上是如何被掌控的，是有隱藏的涵義。沉默和謹慎意味著透過緊繃的力流（bound flow）的存在所產生的抑制。猛烈打擊啟發力量如同堅持到底一般。因為快樂而興奮的跳躍可以說是帶有開心甚至愉快感的氣息。「關

係」在這些例子中也是有意涵的，也許猛烈打擊的另一端有一個人接收而沉默的抑制，也許跟一個剛出現的陌生人有關。

毋庸置疑地，在相片 52 中，最左邊四歲的 Jade 露出剛在非正式的賽跑中得到成就的自豪之情，很容易讓我們以為她是優勝者。事實上她得到第二名！在這個例子中，自豪和自尊的表達只是和她參與其中有關。

做筆記

也許比我們一開始想像中還有更多日常使用的動作內涵描述。報紙、期刊、評論和文學作品裡的角色描寫都有許多例證。父母親一樣利用動作賦予的語句來描述在他們照顧下的孩子。在幼兒教育的脈絡中，這樣的描述包含動作表達的評論，並產生洞察力和理解力。一致性地做筆記，如同對於不穩定且不尋常強調動作的事件是一個記錄表達動作行為的重要方法。在一段長時間的發展，首先，這可以利用記錄表達極簡單和不繁複的情緒

相片 52　Jade 這個非常得意的參賽者

狀態——像是憤怒、溫和或興奮。有關個別孩子顯著表達狀態的次數和本質，此資訊可以被迅速地彙整。這類型的資料蒐集到最後將會建立個別孩子資訊豐富的圖像，以及具詮釋的學習成果，這些可用來當作整體教學概況的部分資料。如同 Hodgson（2001: 173）提到：

> 學習去看並注意從廣泛到最細微的動作印象，是為了要有更好理
> 解力的重要起源。思考和做筆記會幫助過程並開啟它基礎本質的
> 意識。

個人風格

父母親和幼教工作者將會了解孩子所表現的情緒和感受，雖然有類似的構成要素，但不一定會和他們的同儕或兄弟姊妹表現的一樣。憤怒總是產生肌肉的緊繃和重擊的動作，而快樂則表現出大、豐富且豪爽的動作，並不是一定的事實。一些孩子的快樂表現也許是沉默且平靜的，而憤怒也許是冷靜且泰然自若的，或是狂野且四肢鬆動（loose-limbed）。特定動作等同於感受的說法是不對的，這會除去個人風格和它對社會以及文化規範關係全部的概念。North（1972: 35）做如此的總結：

> 不能說一個特定的動作等於特別的表達質感，或是特定的表達質
> 感等於一個動作的模式……

不一樣的脈絡也會產生不同的動作表達，雖然超過很長一段時間的觀察，這些通常被視為和引起的動機有關，以及是一個特定孩子一般動作技能的部分。接下來的觀察顯示 Jason 表達兩種不同形式的動作；很重要的是，這些特定表達模式的動機也是被建議的。

日誌

日期

心情／表達活動

　　興奮——非常激動——一天之中斷斷續續出現。吵鬧地到處奔跑。更換動作；跑步、跳躍、旋轉、上下快速抖動，還有大笑。

註解

　　這是他四歲的生日，而且當他回家時就有一個派對。

日期

心情／表達活動

　　脾氣暴躁——到達（on arrival）。緊繃的肢體、緊握拳頭和跺腳。當母親帶著他進門時，黏著母親不放並在後面拖著走。他一開始並沒有與任何人溝通，但是暫時紓解的緊張局勢又再度增長，直到那天結束。

註解

　　最不尋常的行為——很難理解為何發生。昨天他想溜滑梯但不被允許時，的確有受挫。那天當父親帶走 Jason 時，解釋 Jason 需要陪同爸爸媽媽去拜訪他的祖父母。Jason 通常會在祖父母家過夜，他也許擔心他的父母親沒有及時回來接他。

Perry 和 Jake：在脈絡中的動作表達

　　由於河裡看不到天鵝和鵝，所以兩歲半的 Perry 忙著餵食經常在橋上聚集的鴿子。當他帶著麵包「追趕」牠們時，他的動作大致上來說是外放且不受拘束的。突然間他看見一隻天鵝，一瞬間他相當興奮而且完全靜止，站在原地，他的肢體變得緊縮，所有部位馬上聚合在他的中心點。當他看見天鵝——此時那群鴿子被遺忘了，他的雙手掩住嘴巴、眼睛幾乎閉上，甚至腳趾似乎出現要抓住興奮的一刻。相片 53 可以看到，他與家人共享特

別興奮和喜悅的時刻，很快被他先前猛烈且豐富有趣的行為所取代，接著他再次友善地追著鴿子。雖然 Perry 的表達非常清楚且意味深長，從另一個角度來看可能代表一些不同的意義。

相片 53　兩歲 Perry 的興奮之情

　　五歲 Jake 的例子則是當翹翹板達到最高處時，他有非常多不同的方式表達興奮之感。他全身的肢體姿勢是一種擴張，雙腳跨坐張開，胸膛開展挺出──他的嘴巴也是！情緒是一種飽滿、自由的流暢喜悅。唯一克制與

相片 54　五歲 Jake 的興奮之情

束縛流暢度的徵兆是，Jake 利用雙手控制他在蹺蹺板上的位置，這是非常恰當的做法。

　　Borton（1963）檢視動作和感受之間的關聯，並用非常具詩意的格調書寫，以下是和向後動作有關的多種表達：

　　　向後移動的動作會因害怕而退縮，

　　　產生厭惡的反作用，或以驚奇回應。

　　　它好似吝嗇鬼緊握住的拳頭般小氣，

或像牡蠣一樣冷酷不愛交際，

將自己塞回貝殼裡。當我向後退，

我是一隻蜷縮懼怕的貓……

或是一朵闔上花瓣的花，抵抗夜裡冷若冰霜的空氣。

接著是向前移動：

向前移動的動作是開放的，

靈活的……但它可推也可取，

好似孩子從他的玩伴拿走玩具。

它可以像吐出的舌頭般無禮，

或像在黑暗裡一個跳躍的衝力。

它可以像大膽地在鼻子上的一拳猛擊，

或像處在被威脅的浪潮裡。

大部分的孩子（但不是所有）都能自在且全然地表達自我。他們對於心中感受的那些所「負責」（in charge）的，或是剛在他們表達活動的領域發生經歷過的人，有些許疑問存在。有時對於一些動作表達較不明顯的孩子，就必須看得更仔細才能辨別下意識或故意傳達的信息。但不管是充分發展或輕描淡寫，被解釋的幼兒動作語詞以及生動解析的語彙都能明確地連貫。

 動作複習的分類

為了更深入探究孩子動作以及他們情緒和表達之間關係的重要性，在我們想法中必須有四個動作類別。所以，回顧並重溫在第一章原初分類的記憶，以下詳細資訊是很有幫助的：

- 什麼在動──肢體。
- 如何動──表達質感的涉入。
- 在哪裡動──在自己特別空間的裡面或外面。
- 與誰或與什麼有關──整天都存在的人或物。

孩子如何動：建立一個「力量」

有特別重要性的是分類的第二項關於孩子如何動。Hodgson（2001: 183）指出，拉邦對動作察覺的重要觀點之一是，他認為動作有它的特性，根據 Preston-Dunlop（1998: 277）：

> 人們如何因其所好而創造去回應這個世界：也就是要看他或她行
> 為舉止表現如何。這樣的模式對每個人來說都是獨特的，而且可
> 以看到有時間點、重心運用、空間形式結構和所展現出流暢度的
> 不同。

在第一章和接下來的章節可以注意到，動作是極具動力地在增加與結構，而且建議要如何適當地在實際操作和表達兩方面產生影響。然而，因為尤其這部分的分類與幼兒的表達和情緒的組成很有關係，所以在此章給予額外的考量。此刻另外看到在第一章介紹的重心、空間、時間和力流四個動作元素，也許會證實是有所幫助的。

◻ 重心

動作的重心因素是由一端引起一個細緻、靈敏的動作，一直延續到具有力度和穩固的另一端。

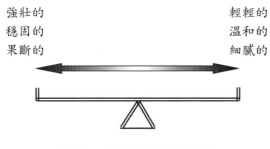

強壯的
穩固的
果斷的

輕輕的
溫和的
細膩的

圖 22　重心因素連續區間

　　因為重心因素與實際的肌肉緊繃有關，有時稱為肢體要素，這與意圖有關。一般來說，可以聽到一個人說另一個人「她站得很穩」或「他只是輕輕地觸碰那物體」。這些註解說出關於人在某種情況的動作，如同接下來的觀察說出關於三歲的 Alison 在花園玩耍被叫進來。她交叉雙臂，兩腳分別重踩，並堅定且大聲地說「不」，表示她就是想待在原來的地方。

質性的空間

　　動作空間因素的引發是透過可變通性到直接性的元素，這個動作因素與注意力有關。一端的延續連結家裡的容納或精確位置，另一端有個在表達中表現出各方面情況考量的萬能靈活度。兩歲 Sophie 的例子可以為我們清楚地闡明。當她在畫畫時，畫畫是她特別的興趣，她對於周圍發生的事是沒有察覺的，她全神貫注在畫畫直到她想做別的事。焦點聚集回到先前相片 6（第一章），顯示 Mark 全然貫注在做模型上。

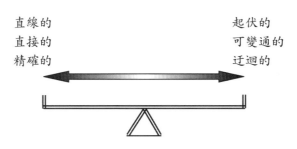

直線的
直接的
精確的

起伏的
可變通的
迂迴的

圖 23　質性因素連續區間

■ 時間

　　第三個動作因素是時間，它與果決以及在突然和持續間游移的表達範圍程度有關。

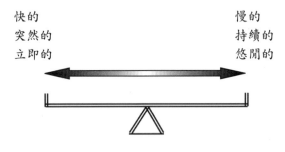

快的　　　　　　　　　　　　　　慢的
突然的　　　　　　　　　　　　　持續的
立即的　　　　　　　　　　　　　悠閒的

圖 24　時間因素連續區間

　　會做突然、唐突和迅速的動作，是典型會立刻行動和反應的人，而有人會有悠閒與不慌不忙的步調，其個性是需要經過很長時間考慮才下各種決定或是做判斷。五歲的 Tariq 在幼稚園裡展現出一種強烈的突然之感。每當老師問問題時，Tariq 總是很踴躍地搶答。他在決定回答之前並沒有停頓思考，雖然有時會忘記他想說的事——也就是每一次他在第一時間總是有話要說！

■ 力流

　　力流是四個動作因素的最後一個，也是最繁複的，這是因為它有雙重角色，它連結一邊的精確性和另一邊傳達的動作。

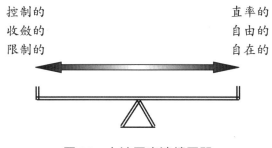

控制的　　　　　　　　直率的
收斂的　　　　　　　　自由的
限制的　　　　　　　　自在的

圖 25　力流因素連續區間

　　力流關乎日常動作的小心和控制，也和關係的建立、破壞和抑制有關。自由的力流具有外放本質的動作特徵，自在且無限制，而緊繃的力流是以特定的黏著和謹慎為特徵。而 Gavin 的行為中沒有如此的特徵，他是個很棒的溝通表達者，他喜歡和大家相處，而大家也喜歡跟他在一起。無論何時新的人加入托兒所，他都會是最快上前去認識的人。

　　就這個觀點來看，值得重申動作元素具有它們無價本質的正當性。除非它們被使用得不恰當或過於誇張的行為，才會被認為是負面的。所有孩子都有自然偏好，而且是這些偏好賦予他們個人的特徵。

評量表達的行為

　　動作因素的中心概念，是動作發生的持續性而不是被視為兩個對立，像是「突然的」和「持續的」。適度的持續性、極端的突然感，或幾乎沒有標示的時間觀念，也就是在一個中間地帶運作——是微分變異的所有可能性。關於動作可以在個人的限制範圍中運作也是很重要的。

　　受過訓練的動作觀察者能夠將微分變異建立出細緻的程度來區分，關於個別運作的「連續性」，最重要的是它們將會把這些和另外三個因素做連結，那就是肢體、空間和關係。對於需要專家協助的當事人，和教育心理學者以及治療學者的共同參與，進行這樣精細的觀察伴隨著他們的詮釋特別重要。然而，在幼兒動作方面，有關現狀表達評估的簡單工具，可供

所有幼教工作者有效地使用，以及作為一般性複雜的紀錄。

接下來，三歲 Shobana 和五歲 Timothy 的動作概況，利用與四個動作因素——重心、時間、質性空間和力流，進行特別和專門的觀察。以下四個「標誌」代表的是：

↔ 動作表達的範圍。

■ 經歷過的質感延伸。

○ 經歷過的相對性質感延伸。

△ 支點表示稍微中間的地帶，愈靠近支點的動作愈不明確。

Shobana 的動作概況

▣ 圖 26 的觀察如何告訴我們關於 Shobana 的動作？

1. Shobana 動得非常溫和。她在所做的方面表現得非常細緻（靠近連續箭頭的尾端）。然而相對地，她配置強韌和有力的質感方面也就較少了。值得注意的是，她在力量方面的配置僅在支點的另一邊而已。

2. 在空間質感方面，Shobana 顯示，她能夠表現出相當有程度的變通性，雖然還有充分的發展空間。相較之下，在重心因素方面，她的表現所延伸的範圍較少。她在直接且直線動作的能力是相當有限的（接近支點）。

3. Shobana 對時間因素的態度幾乎與重心因素類似。非常明顯地，她是一個緩慢和持續的動作者，而此階段能夠產生更多快的和唐突的動作並不是那麼明顯。

4. 在力流方面，Shobana 動作上強調的是拘束且緊緊地被控制。如同接近支點所顯示的，她最少表現自由且更無拘束的能力。

整理出目前 Shobana 的質性動作範圍，我們可以檢視這些觀察是否與其他參與的活動紀錄相關。以下是 Shobana 參與室內遊戲和戶外活動的動作觀察，有如此的發現。

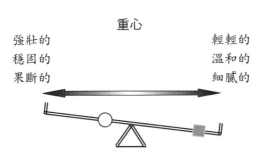

重心

強壯的	輕輕的
穩固的	溫和的
果斷的	細膩的

質性的空間

直線的	起伏的
直接的	可變通的
精確的	迂迴的

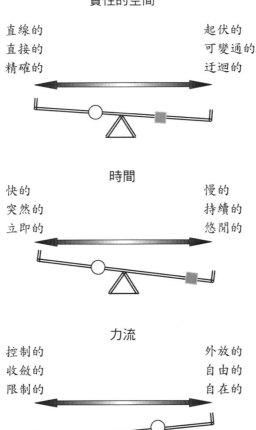

時間

快的	慢的
突然的	持續的
立即的	悠閒的

力流

控制的	外放的
收斂的	自由的
限制的	自在的

圖 26　三歲的 Shobana：一個「動力」動作概況

◾Shobana：室內遊戲

Shobana 花一些時間環顧四周，選擇可以做的事，她最後決定清洗和替她的布偶家人著裝打扮。她很細心地對待每個布偶，清洗的時候不會太粗魯，並小心、溫柔地梳理它們的頭髮。考慮到這種動作跡象的描述有：

重心： 要強調的是對布偶溫柔、敏感，且沒有粗魯跡象的意圖。

質性空間：在她環顧四周思考該做什麼時，看到她具變通的注意力。接著她將直接的注意力轉向手上的任務，且堅定保持她的專注力。

時間： 從容不迫的決定──她慢慢來。

力流： 梳理布偶頭髮活動的處理，具有小心和精確度的特徵。

◾Shobana：戶外活動

Shobana 表達出想跳躍的欲望，接著就被帶領至放置跳繩的地方。過了幾分鐘嘗試讓繩子越過她的頭，她放棄了──她說：「並沒有真的想要跳繩。」在遊戲區遊走後，她最後決定玩溜滑梯。Ian 對於她爬上樓梯的緩慢速度感到不耐煩而試圖推進。Shobana 允許她自己被推到旁邊，像在 Shobana 這個階段常會發生的事，她並沒有意圖要維護自己的立場。她似乎很不開心，之後她就謹慎地來到一群正在從事園藝的孩子中。雖然沒有明顯的問題，她並沒有真正跟他們溝通而在團體之外遊戲。針對 Shobana 的戶外活動，我們可以在接下來動作表達的證據中看到：

重心： 有兩個關於她缺乏足夠有力企圖的例子。第一個是她確實能有掌握跳躍的能力，她僅僅有漫不經心的意圖。第二個是當 Ian 在前面推時，她並沒有維護自己的立場。

質性空間：再者，Shobana 先看她接下來能做什麼才讓出溜滑梯──她的注意力在於之後的那個孩子。

Timothy 的動作概況

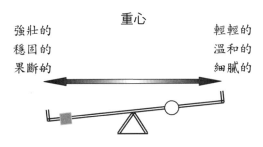

重心

強壯的	輕輕的
穩固的	溫和的
果斷的	細膩的

質性的空間

直線的	起伏的
直接的	可變通的
精確的	迂迴的

時間

快的	慢的
突然的	持續的
立即的	悠閒的

力流

控制的	外放的
收斂的	自由的
限制的	自在的

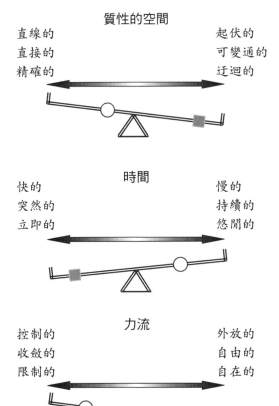

圖 27　五歲的 Timothy：一個「動力」動作概況

| 時間： | 她使用攀爬架的決定沒有很快，雖然並沒有待在附近，也沒有趕緊離開衝突的現場。她緩慢地自 Ian 的介入中恢復為原來的狀態，且從容不迫地加入其他一群孩子的園藝活動。 |
| 力流： | Shobana 並沒有與她加入的一群孩子有自由的溝通，而喜歡「與自己相處」。 |

■ 圖 27 的觀察如何告訴我們關於 Timothy 的動作？

1. Timothy 的動作形式顯示出力量——他是有目的地動。雖然穩定度還有些許不成熟，他展現出有程度更細緻且敏感的動作。事實上，他在重心因素方面表現良好。

2. 在空間方面，Timothy 較能變通而不是直截了當的。發展相當良好的迂迴動作，而沒有搭配很多直線和筆直的動作。

3. Timothy 的時間範圍非常寬廣。雖然他表現出對於突然和唐突的動作有些許偏好，他也能夠以很緩慢且更悠閒的質感移動。

4. 力流方面，Timothy 對於自由流動、無拘束、外放的動作有很好的理解力。他也可以做出一種控制和精確質感的動作，雖然這個稍微缺乏表達方面的發展。

　　現在有 Timothy 在不同情況中的調查來支持或是反駁證據而做的記述文章——是在一個舞蹈課以及戶外的遊戲場。

■ Timothy：舞蹈課

　　與孩子一同參與「秋葉之舞」點子的老師，建議孩子應該表現出葉子是如何沿著地上被吹起。Timothy 很快進入狀況，任由肢體在房間裡猛力投擲移動，接近失控的邊緣。不過，他在避免碰撞方面表現出非常好的判斷力，用他的技巧穿梭在其他孩子之中。當要求靜止時，他是其中最先做到的。Timothy 也能夠掌握緩慢且溫和地從地上被吹起的探索。考量到這種動作關聯的描述有：

重心： 敘述 Timothy 的「投擲」，他自己本身就是強烈企圖的說明。幾乎給人一種可能是力量的錯用或誇張化的粗糙印象。這個描述也告訴我們，Timothy 要能夠產生更溫柔的動作。

質性空間：注意到他肢體的變通性，能在其他孩子之間巧妙地在空間中移動，如此反映出他對空間因素相關的思考。

時間： 關於 Timothy 動的決定是毫無疑問的，他的動作是唐突且立即的。他對挑戰靜止的反應顯示等同於時間因素的快速回應。他創造緩慢且更具悠閒質感的能力，展現在時間因素的範圍也是成熟的。

力流： Timothy 所呈現的放任，意味著一個個人在自由流動與不受拘束之動作的喜悅狀態中，可以說「將謹慎拋諸腦後」。如同 Timothy 的力度一樣，他幾乎把自由流動發揮得太過火了。有一種感覺是他已經瀕臨「失控」的邊界。雖然如此，我們可以確定必要時還是會控制住的。他能夠以「踩煞車」的方法，防止與別人相撞，顯示當他需要時，他可以運用重要的控制能力。

Timothy：在遊戲場中

Timothy 似乎非常渴望能和其他孩子一起玩，而不斷有如此情況的需求。他輕易且很快地答應他們，而且大部分時間，他似乎會被加入那群小孩所做的事所影響。偶爾他也會有自己的標準而且是很強悍的，他會變得極為憤怒。他的興趣並不持久，且馬上會去做別的事。這裡考量到這種動作關聯的有：

重心： 拋開他的標準代表和其他孩子有關的一種特定的權力和實力——他的意圖是想領導。在舞蹈課中，也顯示出他的力度幾乎傾向於超出頂端。這種情況似乎是偶爾發生的，然而，他也展現出感知能力和溫和友善。

質性空間：在此情況中並不特別強調。

時間： 在決定何時加入、何時退出團體中，Timothy 對時間的態度表
現在即時且快速的動作和反應。

力流： 他外向的個性對他和其他人的溝通來說是個額外的好處，沒有
隱瞞的感覺。

連結性的紀錄

觀察和記錄之間的一致性提供了關於個別孩子更多資訊基礎的實體。
同樣地，那些與任何顯著的延伸變化將提供討論範圍、進一步調查，以及
考量短程和長程發展計畫的機會。如果動作觀察和記錄對幼教工作者來說
是新的冒險，那麼或許可以從團隊開始。觀察並討論孩子的動作是一個很
好的機會來達到客觀的程度及健全的方法來建立共同的原則。Drummond
（1993: 150）提供這方面的引導，她寫道：

> 當老師之間在不同情境中有開放式對話的機會、不管真誠的辯論
> 和意見不一，或是同意和一致，信任且尊重彼此的評論才會發展。
> 這個對話將會被視為支撐有效評量的原則，這和每一天的實務有
> 關。

對 Shobana 和 Timothy 的這種動作觀察，必須有規律但不要太頻繁——
大概一個月一次或兩次即可。如果能準備一張觀察單最好，以免期間發生
一些值得注意的事情。其他部分保持紀錄的重要性，將不會像 Shobana 和
Timothy 總是特別有「動作意識」（movement conscious）。這些是為了表
現出最大可能關聯性而特別設計的。

一般持續記錄中的動作涵義

一些「沒有具體動作」的紀錄將根本無法說明任何詳盡的動作關聯。
有些會挑選出一個非常重要也許是循環的特性，像是從 Bartholomew 和

Bruce（1993: 62）摘錄的：

> Connor 缺乏自信心導致他在從事新活動的過程中有些許猶
> 豫──他需要大人的鼓勵來帶領他進入不同／新奇的狀況，他喜
> 歡熟悉的事物。例如：他知道所有關於恐龍的事，當放在他面前
> 握住它們時就會感到確定無虞。他學習的方法有點類似他對怪異
> 食物的態度──高度懷疑且謹慎。

　　就動作而言，這種最具有啟發性的紀錄關注在 Connor 緊繃的力流上，
操作性的文字顯示缺乏自信心、嘗試性、猜疑和謹慎。然而，當處理熟悉
事物時，自由力流很明顯對 Connor 是有效的。在這個情況中，如同紀錄的
顯示，「他很有安全感」。

　　Edgington（Lally）（1998: 58）提供一個類似的紀錄，寫到三歲十個
月大的 John：

> John 是一個溫柔且善於表達的孩子。他〔也〕非常能夠注意到自
> 己肢體上的需求，但是他對於運用托兒所的環境較缺乏自信。他
> 有時看起來對一些孩子感到緊張，尤其是較喧鬧的；而且如果另
> 一個孩子向他討一件物品，他不會堅持自己的立場──在這種情
> 況中，他會把玩具讓給那個孩子，並且快速離開那個地方。

　　由 Connor 的例子，這個紀錄告訴我們緊繃力流的存在，暗示著對他是
「較沒自信」且「緊張」的。在這個觀察裡，沒有暗示自由力流是他的特性
之一。但在重心方面是有跡可循的，他被認為是溫柔的男孩（正向的表
述），但是在面對對抗時他無法「堅持自己的立場」。他的時間感運作得
非常良好；他快速地離開衝突的源頭！

較廣的圖像：一個全面性的動作概況

在最近一組例子中，注意力都放在強調動力的動作類別，這在表達活動中扮演最主要的角色。但是，當動作觀察和紀錄中的自信心和技巧增長，它是可能在小團體中找到線索的。所有四個動作因素之間的關係——重心、空間、時間和力流——提供最全面性的圖像，不是單一的構成要素而觀察甚至在意義中增加當「如何」動作與另外三個類別動作的分類，那就是肢體、空間中的媒介，以及關係。

接下來，五歲Peter的動作概況描述著重在給予的全部四個動作類別。圖28提供的分析讓我們可以清楚地看見動作涵義。很明顯地，為了盡可能建構出包含多項動作涵義，這是一個如小說般的概況。這並不涉及特定某人，而且置於此處只是為了說明目的。

描述		動作涵義
一隻腳站立，另一隻腳內轉進來	→ 肢體： →	設計——不對稱
缺乏驅動力	→ 動力： →	重心——缺乏穩固的目的
動得慢……	→ 動力： →	時間——動的形式是緩慢且從容不迫的
小心的	→ 動力： →	力流——精確且受控制的
悠閒的感覺	→ 動力： →	時間——悠閒的暗示
檢視各式各樣材料的可能性	→ 動力： →	質性空間——一個彈性、範圍廣的注意力
專注在手中的任務	→ 動力： →	質性空間——特別將注意力引導至任務
在地板上做	→ 空間： →	層次——低的
離開其他孩子	→ 空間： →	堅持做他自己

圖28　Peter動作概況所蘊涵的分析

描述			動作涵義
粗糙且笨拙⋯⋯緊緊的	→ 動力：	→	重心——堅固的質量（誤用）
需要空間來度過	→ 空間：	→	需要個人空間，避免被干擾
通常坐在地板上	→ 空間：	→	層次——低的
在門後	→ 空間：	→	區位——在他前面的門，隔離他和其他人或當作保護
如果有任何人靠近他	→ 空間：	→	個人空間受到威脅
	→ 關係：	→	不允許
打擊他們	→ 動力：	→	重心——強烈的企圖
	→ 肢體：	→	動作——打擊
	→ 關係：	→	對其他孩子
蜷曲成球體⋯⋯	→ 肢體：	→	形狀——所有部位向中心聚集
用雙手蓋住臉	→ 肢體：	→	清晰度——使用雙手避免接觸
他屏氣凝神	→ 動力：	→	力流——束縛（較誇張的限制使用）
對待動物較溫柔	→ 動力：	→	重心——掌控得輕且細心
	→ 關係：	→	對待動物
撫摸牠們的毛	→ 肢體：	→	動作——撫摸
	→ 動力：	→	重心——溫柔（含蓄的）
讓他放鬆一點	→ 動力：	→	重心——釋放強烈的緊張
一個類似的溫和態度	→ 動力：	→	重心——細微、輕柔的碰觸
扮演強悍的角色⋯⋯重重地踩車子	→ 動力：	→	重心——強烈的企圖
跑和跳得很好	→ 肢體：	→	動作——跑和跳
控制兩者力量⋯⋯	→ 動力：	→	重心——強勁的 力流——束縛／自由明確性
他踢的方向	→ 空間：	→	方向——讓它往目的地

圖 28　Peter 動作概況所蘊涵的分析（續）

描述			動作涵義
善於躲避……會扭轉和轉身，在跑步中能輕易地變換方向	→	肢體： →	動作——可以連結許多動作
	→	動力： →	質性空間——控制方向 力流——流暢且自在
沉默且缺乏自信……不好溝通	→	動力： →	力流——束縛、限制、孤立的
很少親近的朋友……自己獨處	→	動力： →	力流——束縛、謹慎
	→	空間： →	偏好個人空間——不樂意讓「別人進入」
在房間的一處	→	空間： →	偏好個人空間
離開的標示……	→	動力： →	力流——增加的自由流動——坦率
似乎更健談	→	肢體： →	設計——寬闊、較開朗

圖 28　Peter 動作概況所蘊涵的分析（續）

■ Peter 的動作概況

Peter 的身高在這個年紀算是相當高的，有窄小的胸部，且常常用一隻腳站立，另一隻腳內轉進來。他常常缺乏驅動力而放棄做一件作品的大部分動作。他在自選的活動中動得很慢且小心，通常有悠閒的感覺。在片段的材料使用上，他做了幾個模型；且在每個狀況中他都能企圖檢視手中各式各樣工具的可能性讓他的模型處於「最佳狀態」。選擇他所需要的之後，他不顧別的東西且專注在手中的任務，他在這個階段偏好在地板上做，並離開其他的孩子。在這期間的一開始，Peter 對倉鼠很有興趣，但是卻非常緊地握住牠，對待方式相當粗糙且笨拙。有時 Peter 感到氣憤，而過了這情況後，他自己需要空間來度過，通常他會坐在地板上或在門後。這個時候如果有任何人靠近他，他不是打他們，就是蜷曲成球體、用雙手蓋住臉，且屏氣凝神。最近，他對待動物變得較溫柔，且花很多時間撫摸牠們的毛。

這似乎讓他放鬆一點。當他扮演父親的角色時，他表現出一個類似的溫和態度。很有趣的是，發現他也能夠扮演強悍的角色，像是重重踩車子的人。戶外活動是Peter擅長的，他在這個年紀能跑和跳得很好，而且能夠控制力量和他踢的方向兩個動作。尤其是他特別擅於躲避，在跑步中能輕易變換方向，扭轉和轉身。Peter 有很大的進步，但有時仍然顯得沉默且缺乏自信。雖然很多孩子自由地和他出去玩，但他不好溝通且很少親近的朋友。他常常自己獨處且喜歡待在房間的一角。然而，相較於Peter原本的內向，這些改變顯示他開始學會開放自己，最近似乎變得更健談。

細微動作觀察的目的

Edgington（Lally）（1998: 126）維持各式各樣依賴老師能力的有效觀察：

- 以每個孩子都是個體和團體一部分的角度來觀察。
- 分析並衡量每個觀察。
- 鑑別每個觀察的角度對孩子發展是很重要的。
- 使用得到的資訊來形成她對每位孩子的方法。

雖然觀察過程本身是老師角色中有趣的部分，不過除非它是拿來運用作為符合教育目的的工具，否則是沒有價值的。Nutbrown（1994: 149）贊同 Edgington 如此的觀點，並寫道：

〔老師們〕必須從他們的觀察中創造出意義，並且準備好使用他們與孩子互動的過程中所學的。

尤其和動作相關且有目的的觀察並不侷限於老師，它能幫助所有的大人，在任何他們會起作用的能量，對孩子有更深的了解。它給予以下的資訊：

- 孩子的個人動作風格。
- 動力表達的範圍。
- 偏好的移動模式。
- 誇張動作表達的區域。
- 誤用或不適當的動作表達。

　　這些都是建造短程和長程學習過程的觀察類別。如同所有良好的學習，發展是從孩子所在的位置開始，運用他們到達的平台去開啟各種類型的學習。對於較年幼的孩子，供應扮演很重要的角色。喜歡自在流動的 Timothy，快速移動的「秋葉」之舞經驗將能幫助他隨著氣球或一首輕柔、緩慢和抒情的樂曲舞動，學習表達不一樣的質感和動作。Peter「打擊」的傾向，在舞蹈中也許可以適當地運用，手和腳先猛擊且在空中揮動，然後再次緩和下來。已經有很多關於適合的刺激和恰當供應的主題，而這個主題將會在第七章再提起，發現到在舞蹈脈絡中表達的概念。

父母、保育員和老師的動作舞碼

　　大部分的職業需要相當廣泛的動作操作字彙，以完成個別工作之間的關聯和成效。老師和保育員需要有寬廣的動作表達。處理且對有時二、三十種不同的「個性風格」做出應變，這是需要專業的。大人必須對一位孩子存有高度敏感，確實對待另一個孩子，警覺周圍所有正在發生的不同事物，同時給予一位孩子全心的注意力，知道何時限制、何時放任，讓事情慢慢發展或是立刻做出反應，是有很多要求的。

　　其他職業也需要各式各樣的回應。以拿「長交通棍棒」的男女為例，他們看到類似的一群孩子安全地過馬路，他們也必須做出恰當的表現及回應。那麼差別在哪裡？事實上，它在脈絡上而言，比起馬路安全的看守人更有限制的意圖和結果，因此更具有預知性。對於不同的孩子需要有不同的回應，而交通流動和馬路狀況也是一樣，但情況是包含在空間（跨越和當下的環境），以及限制的時間裡（孩子的到達和離開）。對較年長孩子

的教育以及對特定主題的專門研究，類似在廣泛的動作範圍中，會號召較少的表達。無疑地，愈年幼的孩子以及愈無拘束的活動環境，他們以及保育員和教育者之間的互動就愈多樣化。

Bruce（2002: 4）提醒我們：

> 新生兒最注意人的聲音、臉部和眼睛，很多年來一直是眾所皆知的。他們會花相當長的一段時間單單注視保育員的眼睛。在接收端的大人對於這樣的仰慕一定是注視、微笑、點頭，和對嬰兒講話，「好似」他們在跟理解的同伴交談一樣的回應。他們常常撫摸嬰兒的臉頰、下巴和嘴唇，也許要強調人類說話的肢體資源。

孩子也會觀察大人

幼兒也善於察覺他們身邊大人和同儕世界所發出的非語言訊息，有時是自發的，而有時是不由自主的。

圖 29 是四歲的 David 這樣描述他的母親。他寫到關於動作和情緒，且傳達得非常具體。

圖 30 是七歲的 Amy 談到她的老師。發現動作的數量——和暗示的動作，這裡提供 Amy 對比性情緒的參考。

孩子和孩子之間的互動

動作資訊的使用可以有所優勢，在於支持和豐富孩子和孩子之間的互動和溝通。常常那些具有安全感和自信心的孩子，他們是被新的和不同的人所照顧，他們有較快的反應力，而這些孩子會被要求去幫助那些進展慢的孩子。但是什麼時候要讓孩子用他們自己的方法來學習，孩子又跟誰最容易產生關聯呢？動作概況在這裡有一席之地嗎？在那些習慣聚集在一起的人，他們的動作表達是否有發現相似之處？對於較不常接近或被接納的孩子也有相似之處嗎？當然，有證據可以說明孩子透過動作基模的分享來

尋找同伴關係。Nutbrown（1994: 17）加入討論說明：「基模在遊戲中是否會影響孩子，而對他們同伴的選擇這個問題需要進一步的研究。」

偶爾觀察共享或不共享的動作特徵或許是有用的練習。這不是為了鼓勵任何圈內的團體或傑出的人物統治，或是否定社會發展意味著放下己見認同他人的事實。但是，如果保育和教育他們相關的大人清楚地知道孩子表達的特性，那麼是有可能不時促進更適當的「分享」、「照顧」和「激發」角色，也鼓勵在較不熟悉的動作分享關係中進行融合和交流。

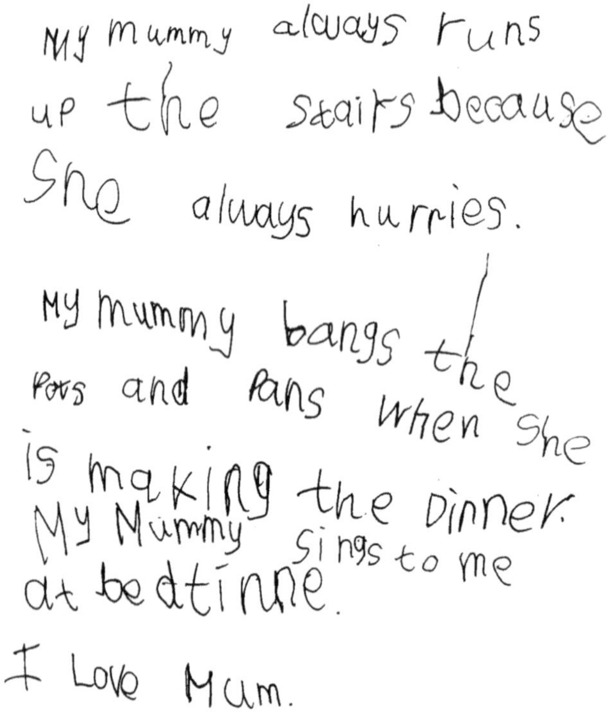

My mummy always runs up the stairs because she always hurries.

My mummy bangs the pots and pans when she is making the Dinner. My Mummy sings to me at bedtinne. I Love Mum.

圖 29　David 描述他的母親

My teacher is very lively and is
always busy. She moves about like
Roadrunner. she teaches us dance
and every other class in the School.
We have been doing Chinese movements
and they are slow and calm. Our
teacher can move so slowly and
softly. We all pretended to be
gentle hovering birds. Mrs D also
teaches us other subjects, maths,
english, history, Science, art. We always
do our beginnings of lessons sitting on
the Carpet around her. She sits very still
and talks to us calmly but if the topic is
exciting She jumps about a lot again.
Sometimes She is angry when people are
naughty and she looks very cross. She bends
her body over who she's really telling off
but mostly she is happy. She smiles a
lot and if Something is funny She laughs.

圖 30 Amy 描述她的老師

小結

　　此章開頭的重點是動作並不會告訴我們所有的事，然而我們需要去認識彼此，這仍然是事實，但是有時動作比文字透露更多的訊息，這時必須對我們的感覺有自信。對孩子給的動作暗示我們所做的反應，一個抑制的手、一個強烈的環抱、一個擁抱、一個鼓勵的點頭，以及一個微笑是必須的。如果這是事實，我們必須讓這樣的實踐從這裡出發。

創作、表演和欣賞舞蹈

透過舞蹈，孩子會發現肢體是一個表達的樂器，並發展具有美感和創造力的本質。

（Hinkley, 1980: 7）

孩子是創作者、表演者和欣賞者

相片 55　舞蹈是一種很特別的肢體動作

雖然在精確的活動命名上也許有一些差異性，但是普遍被接受的創作、表演和欣賞舞蹈三者一體，是構成所有舞蹈教育階段的概念基礎。然而，

在 1960 和 1970 年代期間，幼教專業的模式受到世界專業舞蹈的影響，而所謂以孩子為中心的架構起源於拉邦的想法，以獨立的方式存在著，有時這和當時的學校舞蹈教學是相反的。這在中等及高等教育首先起了重要的作用，然而，初等教育領域的位置不如中等教育強勢，而不受重視。

將近二十年之後，因為有許多關於這個領域的研究，像是 Smith-Autard 發表了一個新的舞蹈教育藝術的理論模式，就是大家都知道的折衷模式（Midway Model），它著重於：

在學校、學院和大學中提供舞蹈的全職教育，且形成五至十六歲國家提供的義務教育中的一部分……（Smith-Autard, 1994: vii）

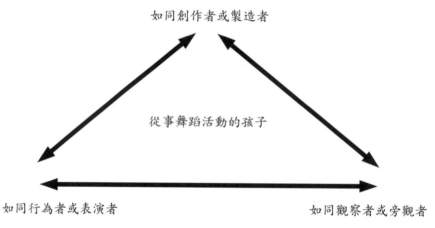

圖 31　孩子所從事的舞蹈角色

「教育的」和「專業的」模式的重新制定和併入折衷模式得到許多的讚許，且成功地運用在廣泛的教育情境之中。然而，直到最近才被爭論，值得注意的例外是此模式的同化和運用，在中等教育更能有效且廣泛地實現，並不是在初等教育，尤其是在幼兒教育。然而，模式本身已經建立得十分完善，因此我仍確信：

這些領域中的想法和概念可以運用在不同的文化、風格和當事人團體（client groups），而且都還是相當新穎。相關且適當的模式應用是現在相當重要的議題。　　　　　　　　（Davies, 1994: 73）

標示出幼兒的自然環境需求

　　把注意力轉向生活的第一階段，並且觀察這三個「角色」的建立，會帶給幼兒生活以及那些有責任幫助他們學習的人什麼樣的生活意義；很重要的是，確定在中等階段所發生的並不只是摻水（water down）降低品質來提供幼兒所需。同樣重要的是，要確認以孩子為中心的教育協議，自從1970年代已經經歷相當大的改變，而且已逐漸完成發展的和科目導向的基礎，同時維持孩子在中心點的平衡。

　　創造、表演以及欣賞的構成要素在中等教育階段已經相當穩固，這也和小學的舞蹈有重大關係。不過，他們所察覺和運用的途徑不同。在幼兒時期，這三個組成部分特別是可靈活運用的結構，且帶有一些與幼兒的發展順序相關的意思。表演可以說是「實作」、「表演」、「跳舞」，創造就像「製造」、「嘗試」或「創作」，而欣賞則是「注視」、「觀看」、「討論」和「畫出」舞蹈的成果。對於美學和創造力教育而言，舞蹈和戲劇、音樂以及視覺藝術是共通的。有一個有力的案例是在家裡、幼兒的場域或是在學校，這些地方平常就會進行創造、實作、觀看和聆聽這樣互相依賴的活動運作，而舞蹈創作就和音樂以及文學一樣需要提供滋養。在這些科目導向的領域中，重要的是要注意到孩子並不單單被限制於用他們自己的聲音來創作組合或是編自己的故事。作為一個年幼的作曲者或作家都一樣，他們要聽來自各式各樣文化的作曲家所創作的不同曲風，而一個禮拜裡大部分時間他們要聽父母親、保育員、老師或同儕所說的故事，在這兩者情況中，他們成為欣賞者。當他們講述或閱讀自己的故事，彈奏自己的樂曲，便成為表演者，而朋友就是現場的觀眾，隨時都可以提供意見，

並成為當天的評論者。

　　為什麼舞蹈的創造、實作和觀看，比在音樂、繪畫、語言或捏塑方面較少立即發生？為什麼在這麼多法定的場域中，它比其他藝術顯得較不重要？舞蹈是否因為需要更多的組織性而成為一種障礙？要清出空間、聚集孩子，帶孩子到特定的角落、地方或大廳的旅程，對於小班幼兒而言，要幫助他們轉換環境似乎成為在一天之中最主要的活動。有些老師也許覺得，他們舞蹈語言的知識還不能勝任，或者幫助幼兒介紹這種語言是無用的。記住這些可能性也許會有助於更進一步觀察幼兒的創作、表演和欣賞舞蹈的細節，看他們如何跟著另一個藝術活動發生作用。

孩子是創造者或是編舞者

　　舞蹈的創造和表演通常是混在一起的。這對幼兒來說更是如此，舞蹈即是跳舞，以及跳舞即是舞蹈（dance is dancing and dancing is the dance）。沒有神奇的公式可以在特定年齡產生一個舞蹈創作者或是編舞家，也沒有特別的時刻假裝自己變成一個編舞家。它是一種從很年幼的時候透過不同經驗逐漸建構的活動。如同 Hawkins（1964: 30）所說：「舞蹈的創意觀點應該從幼年開始，並且持續體驗。」

　　幫助孩子發展個人以及人際之間的舞蹈創造力，這在幼兒舞蹈教育中扮演中樞與主要的角色。在本質上，它和適當的建構性手段有關，而且必須運用幼兒舞蹈創意的發展性，這需要在一個寬廣的架構裡進行，但要視情況需求而改變。這裡有一些需要解答的重要問題。建構性手段有哪些？它們是促進或限制？它們應該如何被運用？它們應該全部給幼兒使用嗎？當然，我們不是從零開始。有很多書面和圖像的證據說明，創意的過程是在很年幼時就已經開始運作了。有時它是幼兒所做的律動，這是極重要的。有時他們發現正在吸收理解所做的模式，有時他們能趕上肢體能做到的程度，或者能夠感受和其他人一起跳舞的感覺。幼兒的舞蹈通常是充滿對比性的——有時溫和且平靜，有時凶猛且暴躁，例如：在哭鬧時向天空叫喊且撞擊地面。它是舞蹈活動的資源，像是孩子帶給他們看護者、祖父母以

及托兒所、幼稚園和小學的。它是一個提供具有說服力證據的資源，可以解釋為何要有舞蹈教育。Harlow 和 Rolfe（1992: 16）寫道：

> 提供機會給學生創造或編作簡單的舞蹈順序，來培養和發展所有本能，是幼兒舞蹈教育的目標。

協助建立舞蹈架構

通常我們可以看到幼兒在跳舞時，是從一個動作到另外一個，並沒有意識去建構一個可重複的舞蹈。在這種情況下，他們並不是一個「閃過去」的想法或是缺乏專注力，反而是讓他們不同的舞蹈思路浮現和交織。這個專心於自己的即興創作特別是三、四歲孩子的特色，之後將會在更正式的場域中，成為自我探索的舞蹈遊戲中起作用。當需要協助孩子創作舞蹈的時候來到，有幾個建構性手段對幼兒是有效的。以下有兩個例子，而且更多有可能被使用的特定方式，將在第八章與正規教育相關的課堂中看到。

■ 連結

重要的編舞手段是從一個想法轉折到另一個——就是動作點子和活動被串連或並列的方法。也許用最簡單的圖示，允許最大的選擇去做對比性的動作，這是許多幼兒想法的特徵。例如：創作一個「快且慢」的舞蹈需要孩子做出兩個適當的動作路徑；一個是慢的部分，另一個是快的部分，以及在兩者之間設計一個轉折。最後，像一首自製的歌曲，孩子可以一跳再跳：它成為他們自己的作品。在當天的尾聲，可以像是他們展現繪畫、故事和捏塑一樣，表演給家人與朋友看，然而，這跟繪畫、故事和捏塑不同的是，它隨著舞蹈的結束而消失。這短暫的舞蹈本質很難去保存正在進行的紀錄；這跟素描和油畫不同的是，它們不可以被儲存和仔細思考。然而，如果父母親和幼教工作者保留孩子作品的攝影紀錄，最好是錄影的剪輯，這個難題在某種程度可以被克服。

第二個連結更繁複的例子是關於打鼓給孩子聽，牽涉到運用接下來的方式：

- 用鼓棒末端輕敲鼓的邊緣。
- 用指甲劃過鼓的表面。

一開始可以發現分別出現不同的聲音，孩子根據他們所聽到的，並用自己的方式反應出來。聲音模式因此會被放入順序中，可以幫助孩子創造他們的「鼓之舞」。和不同聲音出現的順序設計構造一樣，這些孩子可以看見所做的改變——利用鼓棒末端或是換成指甲。看和聽都是一樣，特別有助於三、四歲的孩子建構這類經驗的原始意圖。雖然這種刺激和兩部分的結構都被設定，讓孩子在團體中可以產生許多結果。這對不同能力和那些有特殊需求——包含使用輪椅的孩子——是一個適當的經驗。連結仍舊像是一個轉折技法，穿越所有階段的舞蹈教育，而且可以在老師給孩子欣賞的各式各樣專業編舞錄影紀錄中看見。

◼ 結合

某種動作想法在非正式的情況中常被孩子使用，它們似乎屬於同類型，而且可以被運用於舞蹈之中。例如：

- 跑和大跳。
- 翻轉和扭轉。
- 著地和翻滾。
- 移動和突然停止。
- 做出直和弧形的形式。
- 往高處伸直和往低處蹲伏。

語句和動作的探索在本質上有一種親密的關係，會在不同的兒歌律動中顯現，每個實例都會伴隨可掌握的熟練感。結合關係也可透過一種自主律動和空間結構的觀察而發生，在這幼兒認同的環境中，也會在之後列出。

舞蹈不能無中生有

很顯然地，舞蹈創作需要有實體（substance），它不會存在於空無所有以及沒有語言的時候。就如同詩詞需要文字，而雕像需要泥土或木材之類的物質，所以舞蹈組合需要動作。隨著孩子變得愈來愈熟悉舞蹈的語言——動作的素材，他們慢慢能夠辨別過程和成品之間的不同。除非他們熟悉的是非常廣泛的動作表達，創造力就無法有效地發生。反而，我們會看到孩子屢次產生一樣的動作和動作形式。Petricevic（1991: 253）這樣說：

> 孩子的想像力可以是無限制的表達，但創造力是被非表達的動作
> 語彙所阻礙。

非表達的動作語彙不應該和被限制的運動搞混。它有可能延伸所有孩子的動作語彙，不管是下半身麻痺患者、使用拐杖或輪椅的人；不論肢體或認知上的障礙，所有孩子都能參與舞蹈創作。

資源與教材

除了豐富與多樣的動作語彙，一些資源與教材在創意過程中起了重要的作用。想法和刺激會爆發出整個舞蹈意象的光譜，這會形成跳舞遊戲和舞蹈的成果。除了動作——最初和最立即可用的靈感來源，還有很多其他資源來激發孩子跳舞和創作舞蹈。在這個章節只能夠考量到其中一些，而且只能簡短述之。

🔲 自然的環境

這會提供舞蹈豐富的想法並賦予形式。存在於海洋、魚類和植物界的動作和情緒，以及拍打在沙子和石頭上的浪花都充滿舞蹈意象。許多行動和動作的質感是源自於動物的觀察：猛撲的貓、跳動的青蛙和袋鼠，以及滑溜爬行的蛇，更特別的是在天氣方面也可以用來建構舞蹈活動。例如：

在整年不同的時間和地點讓我們想起許多動作意象，像是被強烈冰冷的風吹著、在冰上溜冰，還有觀察水的結凍與融化交替。雨是許多國家常見的，有一些不同的質感，它創造了稀稀落落、傾盆、持續或間歇的現象。由小團體組成的暴風雨和彩虹之舞，可以作為七、八歲孩子作品的主要特色，而較年幼孩子的職責是個別的傘之舞，以及跳進跳出水窪的舞蹈。

人造的結構

孩子和大人都熟悉會使衣服變乾的旋轉、機器玩具、鞦韆和旋轉木馬，都是充滿動作的偶發事件。在其他眾多的現象以外，它們提供舞蹈很好的起點。煙火是有助於舞蹈結構絕妙的選擇，南半球和北半球的孩子在觀賞煙火所展現的形狀、花樣和音效，他們的動作和聲音表達有相似之處。在第八章有一段煙火之舞，使用一般我們所看到三個階段的煙火——點火、爆炸和漸消，由這些視覺和聽覺體驗來提供引發舞蹈的一種刺激和結構。然而，雖然一連串事件起初也許會影響舞蹈的結構，但是不一定要按照這樣的順序。就如同詩的破格一般，也有舞蹈的破格，在幼教和專業水準兩者，看似錯誤的結合也許會是一種故意的編舞策略。

聲音

自我表現的聲音和動作形成有趣的舞蹈。聲音可以激發舞蹈反應，並且可以隨著舞蹈發生。玉米片的「細碎爆裂聲」和「啪的聲音」、當在遊戲場中舉行的汽車競賽會「引擎運轉聲」，以及「尖銳刺耳」的煞車聲，都是孩子可以運用在舞蹈中的部分經驗。相片 56 捕捉到一個有可能變成飛機舞蹈的時刻，起飛、扭轉、轉彎，以及伴隨著「嗚」的聲音降落，在飛行期間延長和縮短音調與動力。這個和其他類似的活動反映出幼兒做動作的同時，會很自然地伴隨著聲音。

相片 56　當飛機轉彎時肢體傾斜並調整機翼

動作字彙

　　人類的聲音是立即可得的資源，這可被大人運用來激發孩子舞蹈的反應。第五章著重在老師口頭的聲音質感去配合措詞內容的需求。動作字彙和語句可以加強或延展孩子擁有的動作技能，但是必須有清楚關聯性的陳述。孩子喜歡創造屬於自己的動作語句，一些從三歲孩子「跑和倒下」類型，直到更繁複的基模架構，像是七歲孩子類似「謹慎爬行、悄悄偷竊、猛擊、雜碎和直奔離開」的動作語句。

　　大約六到八歲的孩子喜愛的一種活動是幫彼此的舞蹈配音，當其他的舞蹈進行時，一個小孩說一些話──就是一種混合媒材。甚至更有趣的是，和別人交換動作語句，一個孩子說的「匍匐而行、爬行、拍擊和抓取」動作語句相當明顯地和另一個所說的「跑、跳和一直滾」產生對比。這種「動

作交換商店」對兒童而言是一種有趣的方式，能讓他們進入彼此舞蹈之中。藉由如此的方式，延伸他們自己的舞蹈語彙和對於舞句的感受力。這個想法就是在第八章中課堂的基礎。

◻ 詩

有時候詩是一個很好的起始點。這裡有兩個重要的元素，首先，詩詞必須是短的，幫助孩子擁有良好的動作點子，但不完全是描述性的。第二，必須熟讀或是清楚地講述過。Eleanor Farjeon 寫的「河流中的潮水」在長度和內容上對孩子特別適合。沒有太多複雜的想法，而且他的文字啟發動力和空間多樣性：

> 河流的潮水
> 河流的潮水
> 河流的潮水在底部流動
> 我看見一陣顫抖
> 掠過河流
> 當河流恢復沉睡

有許多方式來運用這首詩，其中一種是如下列三個活動般不用詩中的任何文字，而是領會以下的敘述和孩子一起活動：

- 流暢地移位著，並改變層次高低──從高到低。
- 流暢地移位著，做出通過全身的顫抖。
- 做出一個大、慢和轉身的動作。

當孩子有時間自己實際進行這些活動的時候，他們就已準備好有文字伴隨的表演了。這種運用詩詞的方式其實要求並不是那麼嚴格，因為會造成幼兒學習的困難。而如此的動作架構會提供一種保障，不需太過苛刻。

敲擊樂器

敲擊樂器與舞蹈有密切的關係，它們可以用來激發、伴奏，或兩者皆可。聲音的變化幅度可因樂器的不同而異。對聲音的反應因人而異，如同我們先前所看到的鈴鼓舞。老師可以藉由敲打手中的鈴鼓來控制語句的動力和形狀，而且能夠根據孩子的反應狀況自由做修改。當孩子可以幫自己的舞蹈進行敲擊演奏時，他們同時也掌握了自己的舞句，儘管因為本身邊敲擊邊跳舞的掌控有障礙，這是後期七、八歲孩子常會發生的狀況。孩子太早接觸很有可能會阻礙聲音和舞蹈的表達。

錄製的音樂

就歷史性和藝術性方面來說，音樂被認為是舞蹈特定的搭檔，兩者有極相近的特質。音樂可以提供律動的活力、簡單的樂句，以及抒情或戲劇性的背景或氛圍。然而，對於幼兒來說，他們需要有些和舞蹈相關的預防措施。年齡介於二至四歲之間最年幼的孩子，最好能謹慎地使用且具有高度選擇性。孩子在童年初期忙於建立自己的律動感，而且大多很難遵守不是他們自己創造的高度結構模式。幼兒舞蹈不能沒有音樂跟著，但是它的選擇必須仔細考慮。有三個主要的方法將有所幫助：

- 即興創作和自由回應。
- 介紹和加深特定舞蹈的點子。
- 觀察和延伸孩子自發的活動。

首先，播放錄製的音樂，讓孩子在沒有任何干預介入的情況下反應，在第五章和第六章有討論到學習狀態的探索說明。這樣的情況給孩子一個音樂以外無限制的自由舞動機會，儘管如此，他們在音樂結束後還是會繼續跳舞！第二種方式著重在豐富並延伸目前被發現的特定舞蹈點子，例如：漸漸變大發展出一個形狀然後收縮回原狀，或是有關節的木偶舞。利用音樂錄製的第三種方式是要支持孩子的舞蹈——為提供他們適當的跳舞背景

做準備。

觸摸

　　孩子在積極探索環境時，他們都是不斷去觸摸和手握物品。觸摸通常帶來幾乎即時動作表達的特性。用拳頭猛擊桌面、撫摸兔子，或是沙子沿手指間流下的感覺，都只是日常生活中關於觸摸經驗的冰山一角而已。許多經驗可以成為一種形式，並且在舞蹈脈絡中發展。其中一個方法是透過原先動作和舞蹈的連結，手掌的撫摸動作可以延伸至包含整隻手臂或兩隻手臂同時活動。撫摸可以非常溫柔，相對地也可以是一個強硬且有力的猛擊動作，而且撫摸可以在空間中的不同地方——在肢體前面、旁邊以及背後。

穿著

　　我們被所穿的衣服影響，且我們所穿的會影響我們的動作，這是眾所皆知的。高跟鞋和窄裙帶給大家一種不同於牛仔褲和寬鬆毛衣的自我呈現；應用於舞蹈也一樣。穿著物件的尺寸、形狀和重心都影響著舞蹈動作，通常也由此開始。許多「不可思議」的舞蹈是從長、黑色的斗篷中升起，一樣的斗篷有時是用在國王般的象徵。寬鬆的長褲使人聯想到小丑或海盜，而白色圍巾則是雲朵或白雪。大量的「戲劇服裝」結合適當的舞蹈主題讓性別議題有開放的討論，也為穿著異性服裝找到正當的地位。

孩子是一個表演者

　　對非常年幼的孩子來說，這純粹是跳舞。在此這個「表演」（performance）的意思是從觀眾的角度，而不是從孩子舞蹈部分的表演渴望。對於年長些的孩子可能利用有涵義的舞蹈「去」或「為」另一個人或某個事件，這需要孩子「展現」（showing）他們所能的。取而代之，展現也是分享經驗的一種。展現是非語言情意對應的說話，不可以和「炫耀」（showing off）混為一談，它是含有「展示」（exhibiting）的特性，雖然這個出現些

許是合理的。對於兩、三歲的孩子，表演者的角色常跟環繞在他們身邊事物的舞蹈有關。「跟我一起跳舞吧！」是常聽到的邀請，這也是廣受大人個別或孩子群體喜愛的一個。如相片 57 中二十七週大的 Zach 正和父親一同跳舞，永遠都不嫌早。

　　幼兒不論到哪裡都帶著他們的表演空間，它是非常易於攜帶的。它是一種可以初次跳舞或不斷重複的舞蹈空間。它可以四處移動，「展現」的次數得視不同情況中興趣的深度和廣度而定。幼兒第一次展現的舞蹈也許是被照顧人員看到，也許在家裡某個角落、花園或廚房，或是兄弟姊妹正要從學校回家的時候，也可能在父母親就寢之前。

相片 57　起點永遠不嫌早：在平台上和父親一起跳舞

█ 感官所在之處

對於年幼時期的第一印象，表演被視為不單單只是跳舞。對於表演的概念通常伴隨著感官所在之處（a sense of venue）。四歲的 Kathryn 幾乎每天在托兒所的打扮遊戲中，都會選擇一件芭蕾舞裙，並且放錄音帶隨之起舞。在此強烈地表現出有些東西是凌駕於個人的舞蹈喜好之上，這個「東西」是附加的表演慾，她為自己準備跳舞區，並且回應駐足分享此「事件」的孩子們和托兒所教職員。Kathryn 每週上兩堂芭蕾舞，而且已經可以展現她優異的舞蹈能力。她全神貫注在舞蹈中，她自得其樂在舞蹈中，任何「經過的觀眾」都只是她活動的附屬品。

三歲的 Tony 懂一些表演的要素，但對於不同的參與角色不太了解。雖然他的家人都在場，但他們沒有起顯著的作用，而他的舞蹈活動包含在房間內跳舞，驕傲地為自己鼓掌，然後拉上窗簾。

六歲的 James 對於表演者與觀眾之間所牽涉到一些基模的相互關係有較好的概念。他需要花一些時間來安排具有肢體特色的所在，他非常有自信地設置場景。首先，他將房間內的窗簾拉上，且靜靜地待在後面，此時他的家人進來坐在床上。他融合舞蹈和戲劇的表演，顯示出他對觀眾的察覺，而在表演尾聲他向掌聲表示答謝後，他退場，將他身後的窗簾拉上，並等待觀眾散場。與 Tony 和 Kathryn 不同的是，James 對於表演的概念是事先計畫好的。他能夠預測與掌握一些心中較繁複的想法，並付諸實行。

█ 在學校的表演：舞蹈和技巧的困境

一旦進入幼稚園正式的場域中，孩子就開始進入一個要表演、創造和觀看的情境，並形成一個重要以及良好銜接的舞蹈教育部分。然而，每當提出與幼兒有關的表演主題，必然是關於技巧的主題。對於這個議題有很多且不同的觀點，Williams 讓我們注意到，孩子作為一個表演者是危險的舞蹈教育目標，除非它獲得完全理解。她警告關於一些老師為了讓孩子達到某個既定的標準，而運用先入為主的模式來「指示」。她認為：

舞蹈是一種表演藝術，但是認為一定要達到相當高水準的專門技術其實是錯誤的想法，我們要以孩子能夠從事藝術形式的主題為考量。

（Williams, 1988: 28）

這個觀點起先和 Harlow 和 Rolfe（1992: 15）有所交集，他們宣稱：

基礎技巧的掌握是必要的，讓他們能自在且準確地移動，以及在想像的情境中釋放自我。

不過作者接著說明基礎技巧的掌握，在這裡牽涉到延伸的舞蹈語彙，而不只是特定肢體上技巧的獲得。最初，他們說教學必須集中在肢體、動力，以及空間方面的動作。毋庸置疑地，有說服力的演出反映在以下兩種條件中，孩子個人的表達特性，以及透過一套適當經驗的漸進發展。

◼ 演出規劃

一旦孩子開始按照法定學制上學，活動的分享就會不同，不可避免的有一種表演慾。目前的演出具有雙重意義，通常有目的地併入教學計畫之中。首先，它仍持續像是一種參與性的活動，可以讓一群孩子去回應所給的提議。例如：

- 隨著音樂自由擺動。
- 緩慢前進、爬行、扭動和倒下。

對於回應這兩個挑戰，孩子各自移動也考量到彼此。隨著一些音樂自由擺動，不同樂器（孩子的身體）演奏出不同的旋律（他們的動作語句），在緩慢前進、爬行、扭動和倒下中，反之演奏出相同的旋律則出現個別獨特的質感。

相片 58 顯示六歲的 Richard 展現他緩慢前進的舞蹈動作，我們可以看

相片 58　較進階的緩慢與謹慎動作

到他肢體抑制向前的動作表達。了解到他踏步只伸出右腳的外側接觸地面，
表示他靜悄悄且小心翼翼的。

　　演出的第二個面向是孩子不時會被要求去展現他們如何對挑戰回應。
舉個例子，老師會說：

　　大家看 Shalom，看他怎麼做出好像飛向空中，還有在舞蹈的結尾
　　做出柔軟地融入地板中的方法。

　　老師要求孩子表現他們的舞蹈是最重要的。在這個例子中，Shalom 透
過觀看老師給班上的指導方針，他掌握老師所期望的表演要點。老師必須
提醒他該做什麼，也要將注意力放在欣賞方面。由於他那「會思考的肢體」
（thinking body）變得很專注，而且他能夠完全展現自己。這裡有兩個重要
的演出屬性。

表演給觀眾看

有時孩子展現他們的舞蹈給別的班級或是全校看，也許在學校的集會，或是另外撥出時間彼此分享的時刻。偶爾在特別的時刻，孩子會展現他們的舞蹈給父母和朋友看。當表演空間從走廊或教室轉換至舞台上或其他「表演場地」，而達到另一種層次的表演知覺，以及感受到不同方式的刺激。掌握良好的情況是令人興奮與豐富的經驗，孩子是在具有支持且有教育性的場域中表演。孩子的舞蹈需要同樣嚴謹的態度關照，像是提供其他的藝術形式給他們表達想法和感覺。當「節目」代表他們自己的作品，並且被視為他們藝術和美學發展的實例，不適當的觀眾反應是有點危險的。當孩子僅僅成為大人概念下的工具，例如：在聖誕劇中，他們嘗試扮演牧羊人之類的舞蹈，這有可能會出差錯。觀眾的「噢！」和「啊！」以及寬容和慷慨的微笑，有助於這種場面的演出。Lowden（1989: 71）提出警告：

> 想想一個可能發生的分享場合，例如：在聖誕節，大部分的父母親前來欣賞孩子的表演時，且撇開他們以孩子為榮的因素，父母親僅是看到孩子在舞台上演出直到布幕放下，觀賞標準十分有限。

觀眾必須知道相關內容，以及如何欣賞才能夠理解並做出回應。Boorman 舉出一個例子關於父母和「重要大人」（significant adults）的教育，讓他們能夠在這種特別的場域中了解並欣賞他們的孩子。她建議：

> 我們要保證大人認清孩子的藝術，它不僅僅只是娛樂；除了「可愛」以外，並要成為孩子和大人之間的共鳴與回應；一種相互的給予和接收。
> （Boorman, 1991a）

Stinson（1988: 8）寫到特別是關於五歲以下的孩子，說明「為父母親所做的表演，大多常註定是失敗的」。然而，當孩子對於自己以及舞蹈的

了解更透徹，這就不是既定的例子，而且許多類似的表演讓觀眾知道是要取悅孩子。Green Gilbert（1992: 53）舉出一個強而有力的例子，反對背誦形式的演出，然而同時承認，「如果你沒有與別人分享的機會，那麼在發展技巧和學著表達自我時將會缺乏感知能力」。她贊同非正式的表演，孩子所分享的知識和技巧內容是非常多元的：和彼此、和父母，以及和朋友之間。

孩子是觀看者、鑑賞者和評論者

這個部分在三個分支的模式中，就某種程度來說已經被探討過了。事實上，它跟表演和展現是最自然的互補。一起跳舞或表演舞蹈給朋友和同儕看，是一個相互對應的過程。此刻孩子是表演者，下一刻是觀眾的一員，有時可能是唯一的觀眾。要能夠「了解」舞蹈的藝術，沒有比這個更好的辦法了。在幼兒教育中，僅有一些人可以「做」而其他人只是「觀看」是沒道理的，這也是一種態度，很遺憾地有時隨後漸漸產生。因為觀看是舞蹈教育情節中不可缺少的部分，它有本身的意義和重要性。而且因為舞蹈語言是很常見的，觀賞和識別它的基準已經建立。Killingbeck（1993: 4）檢視透過舞蹈參與的學習和認識舞蹈之間的關聯，有以下建議：

> 參與舞蹈活動對孩子舞蹈作為藝術的美學鑑賞有獨特的貢獻，而且這個實際的經驗加強基礎，並且是教育中舞蹈作為藝術美學鑑賞發展的重要條件。

在 1960 到 1970 年代一些缺乏舞蹈教育的人有錯誤的概念，認為鑑賞要素是幼兒學習的核心，而實作和觀看則被視為可互換的搭檔。孩子批評的能力自然符合一般幼教的實務，看、聽和評論一直在學習要素中占有重要地位。由舞蹈的觀點來說，Bloomfield（2000: 50）考量到孩子「發展他們批評的能力，以至於能夠監控自己和別人的表演」。

出席觀賞、觀察以及欣賞舞蹈是一個漸漸進步的事件。最後，「真正

的」語言對兒童，甚至是幼兒，實行這個角色是必須的。從二至八歲進步的發生是透過能力的實行，而最重要的是符合以下觀眾的活動：

- 識別。
- 命名。
- 描述。
- 評論。
- 反思。
- 批判的評價。

有時是自發地，而有時是接續經驗的部分，孩子「談論」他們的舞蹈，用形容的方式「寫下」一個故事或是詩詞，甚至用「畫圖或繪畫」。這可被視為舞蹈經驗的延伸，並用短暫的經驗留下一些較永久的形式：孩子記錄的方式。

劉淑英研究的其中一部分，是她與台灣新竹科學園區實驗中學的幼稚園合作，開發一個課程以及給老師教幼兒創造性舞蹈的教學策略。她發現，孩子們因受到鼓勵而去詮釋以及延展他們所學的舞蹈，並透過其他藝術形式進行批判性思考，例如：畫圖和說話。老師們使用這些「延伸的結果」來幫助孩子思考他們的舞蹈經驗，以及發展他們的語言能力。劉淑英所提供的相片 59 是她若干研究之一。它叫作「冷凍定型」（Frozen Shapes），清楚地表達出孩子肢體的稜角和清晰度，呈現各式各樣的姿勢伴隨著尖銳的動力。

舞蹈的對話：一個分享的活動

父母親和保育員給孩子的第一個舞蹈評論是非常重要的。

- 你肢體有多麼漂亮的伸展。
- 你幾乎飛起來了。
- 這個姿勢實在很強壯。

冷凍定型

相片 59　冷凍定型

　　這些初期的評論可以幫助觀看舞蹈的基礎，以及下一階段欣賞的建立，它們從觀賞孩子們跳舞產生正面的陳述，包含孩子們熟悉的動作語彙。隨後一連串的人給予幼兒的照顧和教育，隨著他們支持和豐富孩子們的舞蹈經驗，而必須用這樣的方式持續評論。對於孩子舞蹈的問題，他們同儕的舞蹈以及一同觀賞影片中的舞蹈是成熟的重要關鍵。在適當時刻，老師們必須分擔漸漸給予個人和小組評論的責任。大約七、八歲孩子，責任可以轉讓給漸漸能夠形成他們批判性對話的孩子。如同以下的摘錄，每個孩子都有他們創造和表演舞蹈，以及描述它們的方法。

Panku 傳奇

英格蘭中部地區七、八歲孩子班級的小學都習慣創作、表演,以及對他們的舞蹈做出評論。他們根據 Panku 傳奇創造並展現一個演出。以下是七歲的 Suzanne 和 Gregory 所描述的經驗:

Suzanne 描述此舞蹈。

Making our dance

Our dance was based on a Chinese legend. We thought about how Chinese people moved in their long dresses. We did little tiny steps and put our hands together with our elbows out to enter. All our positions were balanced, so we looked calm.

I helped to make up the wind section. We did gentle swirls and turns. We were so soft we did the movement on our own and then joined together to make a cloud that bounced softly and gently in the sky. We turned and turned so gently, then softly creeping we made our way back to our places. I like the movement we made up.

圖 32　Suzanne 的舞蹈描述

Gregory 也寫到此舞蹈(圖 33)。

孩子所描述不同的重點是非常有趣的。Suzanne 稱她的叫作「創作我們的舞蹈」來強調這個過程;而 Gregory 將他的命名為「表演舞蹈」以展現他對實行舞蹈方法的關心。他們的評論顯示 Suzanne 的興趣在於告訴我

Performing the dance Panku

Yesterday we did our chinese legend for the first time ingront of an audience I was nervous and I was glad we did things altogether to begin with. When it came my turn to be the Thunder I really enjoyed it. I jumped high and put lots of energy into my dance I did not look at the audience I just thought of the dance. The space seemed much smaller than in our practices but we were careful not to bump into eachother. At the end I thought it was ace and I can't wait to do it for my mum and dad next week.

圖 33　Gregory 的舞蹈描述

們，這支舞蹈是關於什麼，而 Gregory 則是發現演出的元素和分享其興奮之情。除非孩子們能明確而有力地表達對於這個經驗的反應，否則用這種方式，他們的老師也許不會完全欣賞他們不同的反應。

　　我們從相片 60 也理解到一些同樣的舞蹈經驗，七歲的 Timothy 是太陽組的成員之一。他能夠使他的肢體、服裝，以及他所掌握的物品給予一種有意義的整體感受來表達他對太陽的想法。他非常有自信地移動，以及這種理解對他來說是一種統整的藝術脈絡。

相片 60　Timothy 的舞蹈

加廣舞蹈的意象

　　孩子觀看舞蹈的角色會透過結合專業領域而受到幫助。用一個非常簡單且自然的方法來做，即是透過電視和錄影媒體。如同孩子會和家人一起觀賞足球、橄欖球、園藝、烹調或是房子裝潢專家，所以他們也會注意到

不時出現在螢幕上的專業舞者以及舞蹈創作者。這些不只包含現代和古典舞蹈種類，還有各式各樣不同文化的藝術家。教育單位的運作結合專業的團隊，對於幼稚園以及國小的孩子很有幫助。各個舞團參與的性質都不同，但是專業舞者通常包括在學校參訪的團隊中。有時參訪只會持續半天，但是對於較年長的孩子，停留也許會持續一個星期，而且甚至會與另一所學校分享。這樣的參訪或停留讓孩子觀賞，且有時隨著「真正的舞者」起舞，以及參加現場的演出是一種難能可貴的樂事。在這些情況下，不只增加孩子對於舞蹈以及舞者的認知，也增加他們的想法和見解——他們的批判能力。

給對舞蹈特別有興趣的孩子

孩子對愈多事情感興趣就會想嘗試愈多。我們之前探討過孩子的堅持勝過了傳統的技巧，例如：跳和接。這種堅持也適用於追求所喜愛的興趣種類。有些孩子對於電腦特別有興趣，有些則是偏好戲劇、遊戲或詩詞。同樣地，有些孩子「愛上跳舞」而且是瘋狂地愛上。Katz 和 Chard（1989: 32）寫到關於興趣的發展，而提出以下觀點：

> 幼教工作者非常重要的傾向之一，是興趣或是「沉迷」在活動中，或是關心自己以外的事物。

Katz 接著檢視幼兒逐漸傾向於：

> 花很長一段時間從事活動，並遵從慣例以及新穎的觀點，全心全意貫注在活動中。

相片 61　從波多黎各來的三歲 Marisabel 享受她特別的舞蹈課

　　當孩子這樣的熱情變得渾然天成，常常為父母親帶來困擾。對於私立舞蹈學校尤其如此，除了須繳的課程費用以外，還有考試的額外支出，例如：英國皇家芭蕾舞推廣考級課（Royal Academy of Dance）或英國皇家舞蹈教師協會（Imperial Society of Teachers of Dancing）。他們的孩子是否應該加入這種需要付費，以及可能會降低孩子原先可塑性的課程呢？同時，這還會牽涉到是否要取得以大人導向為主的技巧，以及影響人生旅程的規劃呢？各個事例的問題和答案會根據人生觀、家庭所看重的以及經濟而產生變化，而只有部分是明確的選擇。然而，現在比以前有更多跳舞的機會，

包括那些提供孩子參加不同文化的舞蹈，例如：亞洲、愛爾蘭和希臘，每個都有它獨特的動作特質和風格。單獨就費用而言，需不需要教導幼兒建立動作模式的問題還有爭議性。對某些人也許是不合適的，但是對於不覺得有壓力只有樂在其中，並且在設定好的因素中得到個人滿足感的人，也許不必感到恐懼。

　　不是所有舞蹈機會都需要大量的花費。漸漸地，年輕人的舞蹈團體開始接受年齡層較低的成員，這裡的教導方式在教育方面來講是較適當的，創意的工作坊要優先考量給會員低價或是免費參與。一些星期六的俱樂部提供很棒的機會，而且不只顧及幼兒，還包含為父母親和學步兒的課程，這很受歡迎而且出席踴躍。透過舞團的教育以及社區單位，他們提供了工作坊以及不同種類的課程，也向孩子介紹專業劇場的舞蹈和舞者。

相片 62　在倫敦南岸（South Bank）的母親和學步兒

不管提供哪一種舞蹈經驗對孩子來講都是有益的，特別是在國民教育課程中有限制的供應觀點。很重要的是，孩子將會和一群思路相似的熱衷者一起跳舞；它給予孩子附加的機會去拓展舞蹈字彙，並讓他們參與創造舞蹈以及跟一群特定的群體表演舞蹈。一般來說，孩子在舞蹈、關於舞蹈以及透過舞蹈而變得較有經驗了。非舞蹈的參與對孩子的額外好處都是一樣重要的。孩子得到自信，建立團體成員間緊密關係的感覺，交朋友，預期並反思某個時刻重要的部分。這並不是跳舞唯一的附加好處，通常孩子參加舞蹈課也會成為其他活動團體的一員。

雖然用這種方式來增加經驗對於所有孩子來說是一種價值，不過對於那些具有熱切興趣包含特別才能特徵的人則有特別的意義。我們有時要注意有「天賦」資質的孩子需要一些特別的供應，這跟那些有障礙的孩子一樣有許多的學習需求。在某些情況下，如果孩子對舞蹈特別有興趣，而父母親也許會決定一間以舞蹈為主科的教育機構，才是顧及孩子特別興趣或潛力天賦最好的方式，而不是在傳統學校課程和課後的舞蹈教室中玩耍。再者，雖然逐漸有提供給成功的申請人資金的趨勢，不過費用還是一個考量。

 ## 小結

所有的舞蹈都有動作，但不是所有的動作都是舞蹈。所有孩子都有權益，包含那些特殊的孩子，也需要去經歷這種重要的藝術形式。接續著所有幼教實務工作者必須盡全力擔保舞蹈課程，不管是對於幼兒的基礎階段不連接的經驗，或是第一和二關鍵階段中較正式的課程，都要讓所有孩子受到照顧。舞蹈是有關乎個人和廣泛的內涵。如 Gough（1993: Introduction）所說：

跳舞使我們的肢體內外感到舒適。透過舞蹈表達以及溝通的特性，
讓我們能用特殊的角度更了解自己以及我們周遭的世界。

正規教育中的舞蹈

好的教育不只是關於知識、技巧和能力，也要傳達對學習科目的熱情，以及讓年輕學子盡可能得到最好的教學環境的信念。這需要老師持續的好奇心投注在教和學的過程中，以及用開放的方法去考量如何增進他／她的動作質感。　　（Gough, 1993: 27）

舞蹈歸屬何處？

　　二十年來，逐漸關注與辯論舞蹈在學校課程中適當的「安置」。它應該歸屬何處？它應該屬於必修的一個核心活動，還是選修科目呢？因為有人主張動作屬於舞蹈的基礎，所以多年來它一直是體育課程中的一部分。其他不斷增加的爭論中提出它是一種藝術形式，如同音樂、美術和戲劇，它們都有強烈的屬性關聯。Flemming（1973: 5）支持這項辯論，如此描述舞蹈：

加強美學、創意以及內在表達能力方面，對幼兒的生活是如此重要。

　　目前，對於這個長時間且熱門的辯論，政府已經為我們做了決定。在基礎階段特定舞蹈的參考設置在體育中（QCA, 2000: 103），在下一階段的國家課程中，舞蹈依舊是按照體育的正規順序，隨著遊戲、體操、游泳、運動和戶外活動進行（DfEE and QCA, 1999: 113）。

比起年紀較大的孩子，對教導七歲的幼兒，只要舞蹈包含在課程中的一部分，也許出現在哪裡就不是那麼要緊了。幼教工作者可以說較不侷限於形式化的科目類別，而且大人和小孩一樣會自然地出現統整課程的連結。Bloomfield（2000: 1）根據一個有相互關聯的課程模式來主張：

> 在小學教育中的統整藝術模式，讓舞蹈、戲劇、音樂和視覺藝術能共同協調發展，扮演一個集結、核心以及中樞的角色。

詮釋綱要和目標的達成

關於有效的學習，基礎階段綱要提出：

- 提供各樣動作的刺激，像是動作韻文、故事、音樂和道具。
- 介紹動作語彙和說明的文字。

在該文件後面幾頁舉例說明孩子們所做的，以及幼教實務工作者要做的「踏腳石」（stepping stones）。很可惜的是後面部分的格式，出現強調命令式的規定做法，其實那些都值得更深入的探索和實行。無論如何，在接下來創意的部分可以發現一些有用的注意事項，關於提供孩子發展各自想法的機會。

在關鍵階段一中，體育（舞蹈）的學習手冊說明需要教導學生：

- 運用想像力在動作上、反應刺激（包括音樂），以及表現基礎技巧（例如：移位行進、停止不動、做出一個塑形、跳躍、翻轉和做手勢）。
- 改變節奏、速度、層次和移動的方向。
- 運用簡單的動作模式創造並表演舞蹈，包括：不同時期以文化。
- 表達並溝通想法和感受。

在關鍵階段二中，學習手冊指出應該教導學生：

- 運用一些動作模式創造並表演舞蹈，包括：不同時期、地點和文化。
- 對一些刺激和伴隨物做反應。

為舞蹈活動增加特定單元，這些簡短且普遍性的綱要內容刊載在QCA和DfEE（2000）。它提供我們重要的資訊：

- 關於這個單元（一般來說）。
- 合適的地方（一般的方案）。
- 語彙（孩子有可能會使用到的單字和片語範圍）。
- 教材資源（例如：錄音機、打擊樂器）。
- 期望（老師預期的結果類別）。

單元接著提供進一步的細節列表顯示出學習目標、可行的教學活動以及學習結果。

 理論帶入實務

我們該從這裡到哪裡去？

從廣義的出發點來說，以課程和活動基模的形式來向孩子解釋資訊，以及讓他們能理解變成是老師的責任。問題是如何達成呢？再次評價國家課程，現在初期師資訓練中，仍將英文、數學和科學這些核心科目放於優先，所花的時間和探討的深度都和舞蹈有很大的差距。這個差異也反映在逐漸減少被派往參加關於舞蹈教育的課程和會議的人數。雖然有些人會設法參加國家舞蹈教師協會（National Dance Teachers Association, NDTA），以及地方當局所辦理的全國性和區域性課程，但是對他們而言，在職訓練的重要性仍在核心課程上，其占了主導的地位。

對於在基礎階段和關鍵階段一和二的老師，特別值得讚賞的是，有少

許文獻仍可以幫助他們預備以及完成舞蹈課程。毋庸置疑的是，這種教材是很有幫助的。尤其老師察覺到在實務建議背後的這些原則，並且可以持續從範例中創造出適合他們自己的教案素材（Bloomfield, 2000; Gough, 1993; Peter, 1997; Rolfe & Harlow, 1992）。然而，在這文獻中有一系列的固定教案，顯然在長期使用方面有困難度，這樣的教案似乎是受限的，這個危險性是很明顯的。運用和孩子興趣、發展步驟以及同儕互動無關的舞蹈教案，也許是沒有效率或受約束的。對老師而言，持續重複的教材也許會造成無趣、無反應和無啟發的練習。

本章意圖加入與被認可的優良實務，這是別的同事成功運用原則的實踐。運用此書先前章節的理論支持，將教案的建議作為實例或範例，包含：

- 一個適當且詳細的動作語彙是主要的舞蹈成分，而且在國家課程基礎階段和關鍵階段一和二的指導方針，基本上處於重要的角色。
- 將孩子視為創造者、表演者和欣賞者。
- 肢體、認知和社會的發展，與實踐的場域以及工作的進展有關。
- 五歲以下孩子舞蹈融入教育中的方法，並且在第 1 和第 2 階段設定一個場景。
- 特別注意關鍵學習狀態。
- 觀察技巧的重要性及使用。
- 表達的動作。

混合和配合

如同在第七章所說明，拿來解釋發展的順序、先前經驗、時間長度和可用的資源，許多點子和主題可以適當地運用在各種年齡的場域和內容。以下範例以基礎階段的活動以及關鍵階段一和二為特色，這些範例和教案絕對不會毫無發展。當然，就短期來說，它們必定是要被使用、試驗和測試。然而，希望老師們能以基礎教育和動作原則的要素支持這些教案，且透過這些讓他們的孩子能夠適當地混合、配合和創作。為了強調這個，在

所有教案中，我有意避免特定的架構或類似的語言。而建議在基礎階段，從一個簡單的點子開始自發性地在一天之中使用，並專注於孩子和他們老師與保育員之間的分享關係。在接著兩個較有架構的段落中，我以個人的意見來說明老師也許可以運用的語詞，有時候建議和評論不是針對個人的。接著，用幾個教案的例子來提供建議，而其他的只顯示片段。「注視和聆聽」的並列也可以用「看到和訴說」以及「觀察與討論」來取代，選擇的用法會和發展的脈絡有關。

準備和反思

　　與其用太多的教學策略塞滿教案，不如在基礎階段加上顯著想法的引言討論。在關鍵階段一和二的課堂之後，討論標示要提出具理性和批判的評價。用此方法來企圖追求此書主要貫穿的思路，所以理論應該告知實務效益。

> 舞蹈教案和其他教學一樣都要有目的性，但是只有老師能確實鑑
> 別教案的重點。　　　　　　　　　　　　　　　　（Lowden, 1989: 81）

　　教案架構中對於「挑戰」的參考，或許看起來較受箝制，且不適合擺在幼教的書中。無論專門術語（不是不可侵犯的，可以依據老師的選擇而替換）多確切，因為它反映出對於新生兒到八歲孩子或更年長孩子有關的思想發展。這和第五章所看到的學習狀態有關，而且特別是 Vygotsky 對於孩子運作能力發生所在的想法，透過老師或「重要他人」的幫助讓他們盡其所能地向前邁進。「挑戰」是看你從哪個觀點去看它。

　　所有孩子共通的舞蹈經驗，特別著重於場域和評量。反思「如何做到的」是其中一種短期和長期的監督和回顧的步驟。關於接下來所有的範例，舞蹈教學的重要元素是依據反思所發生的來決定下一步要做什麼。可能性是無止境的，而且總是必要與特定情況和一群孩子有關。它們可被含括運用但不受限制：

- 重複之前教案的所有架構。
- 保持這個架構但加入／改變附加物。
- 更大的挑戰——加深難度，增加經驗。
- 決定採用不同的點子。
- 考慮到孩子當時的興趣，並利用它們作為資源。
- 結合其他課程領域。

 # 基礎階段

　　雖然學習環境會因為當天的組織和架構而不同，但是孩子正規教育開始的那一天或之前很少會有所區別。會漸漸適應是最初的目標，以及前後期幼兒導向的教育目的，將開始被理解。然而在舞蹈中，如同課程的其他觀點，基礎階段的最後一年和關鍵階段一的第一年是同時期的，幾乎可以互用。當然，它們之間的界線是模糊的：通常是一種平衡、強調和期待。也許因而有助於在兩個「階段」（官方用語不是我的）「之前」、「之間」和「之後」的轉折時期所發生的預期和反思，也盡可能讓它們緊密縫合。

我們一起編舞

　　三歲和四歲孩子的舞蹈經驗通常是從在空間中跳舞開始，老師觀察誰能把握「偶發事件」（happening）並由此發展。老師們或許能夠告訴孩子關於當時在場的人：

　　你看 Eddie 用各種不同的方式在房間內跳舞。我有一些音樂，大
　　家一起加入吧！

　　這也許就是完整的舞蹈經驗，很重要的是，採用這個點子是迅速且自發的，否則將會失去這個時機。老師必須準備好播放音樂，或者在沒有任

何伴奏下跳舞。

　　有時出發點是「保留在老師的心智中」準備好，以用在適當的時機，如同一本放在書架上的書，發現需要用到時才拿出來。這樣的「開端」應該要有動作韻文，或是類似豆莖愈長愈高的故事為源頭。基模分享也是一種舞蹈很好的刺激，而且不用等到孩子長大。例如：孩子透過探索他們肢體各部位和骨架的運用，或是懸絲的偶來認識肢體架構，這些都有無限的可能。

　　關於幼教工作者參與的點子，總是會帶來有趣的舞蹈經驗。「我動！你動！」是老師跳舞而孩子靜止不動，然後孩子跳舞，老師靜止。輪流是幫助簡單創作的方法，而且需要孩子的專注力體驗靜止和動作——等待要去動以及必須停止。

　　老師在中心點是另一種關係的經驗。老師站在空間的中央，而孩子圍繞在周圍，引導孩子非常緩慢地靠近但不能碰到老師。當孩子都聚集之後，老師拍手或轉圈（或是選擇任何舞蹈動作），然後孩子們邊跳舞再次離開老師到原位。孩子喜歡這種互動的舞蹈遊戲。隨孩子和老師的意思去策劃各式各樣的舞蹈，根據這個近和遠的主題編造來跟他們一起跳舞。

　　Green Gilbert（1992: 17）表示：

　　　在沒有父母親陪伴下教兩歲以下的孩子跳舞是很難的，因為幼兒
　　　時常需要被抱以及操縱。

　　這被拿來意指團體的孩子是很困難的。但在一天之中，很多時候學步兒可以和在遊戲區的大人一起跳舞，同樣地，在家裡也可以和家人共舞。關於特別的興趣，相片 62（第七章）顯示一位母親和她的兩個孩子一同跳舞。一個在她背上，另一個在她前面舞動，表現出完美結合的關係。

　　如果孩子在基礎階段有許多機會跳舞和隨意活蹦亂跳，以及有和別人共舞的經驗，可以自由使用所提供的用具、音樂和空間，而且舞蹈成為每日熟悉的活動供應，那麼他們就會準備好，並且渴望進入單純有結構性的

舞蹈「時光」，如同接下來的兩個例子。

介紹吹泡泡之舞

　　這是一個有趣的舞蹈。它囊括了孩子在創作者、表演者和觀賞者的三個角色，在此強調後兩者。基本上，它有關呼吸、吹氣和觸感的誇大手法。自然地從吹泡泡開始，是每個孩子童年都體驗過的活動。無論如何，這將會替舞蹈加入新的意義，讓他們「再次體驗」，因此建議吹泡泡是不可或缺的。

　　因為它潛在的複雜性，讀者或許會想為什麼這個教案會包含在基礎階段部分。為何不是在關鍵階段一，甚至是關鍵階段二？原因是舞蹈經驗可以被保持在最低的限度，特別是非常年幼的孩子，也許使用第一個挑戰，然後以「看和說」的部分做結尾。這些片段可以在幾種情況下不斷重複，包括回應要求：「我們今天可以跳吹泡泡舞蹈嗎？」對於小班的四歲孩子，段落可以著重在挑戰2，介紹較多的細節動作探索和表達；而五歲的孩子，不管在何種情境下，會有能力在課堂中掌控這兩項挑戰。

　　在關鍵階段一中的前四項挑戰或許是孩子還能理解的範圍，而七、八歲的孩子應該有能力應付關鍵階段二的最後一項挑戰，隨著音樂創造他們自己的舞蹈。大部分在這個年齡的孩子都能記住先前不同的舞蹈經驗，選擇他們最樂在其中的個人舞蹈成品，使它們可以被重複和討論。有一個非常好的例子在國家舞蹈教師協會錄影資料裡（NDTA, 1998: 13:49），是關於三個女孩創造並和大人說明的一支舞蹈。

　　透過這六個不同但相關的舞蹈教案部分，老師深入地投注設定適於孩子相關的挑戰、觀察反應，以及協助孩子說出評論。這些教學的任務是和舞蹈三個角色有相互關係的，有些被使用的動作點子是很重要的。這些教案／段落計畫一開始就列出，而且是從第一章的理論架構中被選出：

- 動力方面溫柔、漂浮的動作──孩子如何動。
- 肢體部分雙手的使用──孩子動什麼。

- 肢體部分各部位的清晰度——孩子動什麼。
- 空間部分在空中做出空中軌跡——孩子在哪裡動。
- 空間部分層次的使用——孩子在哪裡動。

同樣是吹泡泡的主題，可以用各式各樣的方式和選擇不同的動作點子來計畫。共同的起源點是在於舞蹈和說明語彙兩者之間的發展，所做的觀察和孩子所問的問題必須跟他們所做的有關。這從批判的評價開始是很重要的。

吹泡泡之舞

資源	自由而不受限制的空間（室內或室外）。
舞蹈點子	泡泡。
先前經驗	吹泡泡（在課堂之前或一開始）。
動作點子	• 溫柔和漂浮的動作。
	• 手的使用。
	• 肢體不同部位的清晰度。
	• 創作空中軌跡。
	• 層次的運用。
	• 在音樂的架構內進行。
挑戰 1	孩子自由地動，並表達自己對泡泡和動作的想法。
學習狀態	自由探索。
看和說	老師挑選二或三個孩子來表演舞蹈，並問其他孩子，他們從那段舞蹈得到什麼訊息。
挑戰 2	孩子進行實驗：
	• 從一隻手中吹出泡泡到空中，再用另一隻手接住，激發溫柔、仔細的動作。
	• 從一隻手中吹出泡泡到空中，再用肢體其他部位接住，例如：背部、肩膀、膝蓋。
學習狀態	引導探索。

老師的角色	觀察孩子的動作並對全班和個人進行評論，特別是針對不斷使用不同肢體部位接泡泡的部分。
挑戰 3	孩子編一段吹泡泡的舞蹈，依次吹三個泡泡，讓它們落在三個不同的肢體部位。
學習狀態	引導探索（引導創作）。
老師的角色	對於孩子表達的動作質感以及肢體的「著地腳步」（landing pads）做整體的評論。
看和說	孩子互相觀察，並對彼此利用泡泡接觸肢體部位的方式做評論。
挑戰 4	用更大的力量吹，並跟著泡泡在空中飄及著地。
學習狀態	引導探索。
老師的角色	鼓勵孩子在空中做造型，跟隨著泡泡在「空間旅行」。
挑戰 5	創造一段泡泡之舞。
學習狀態	鞏固加強（引導創作）。
老師的角色	協助孩子設立一個結構：

- 吹一個泡泡並用一個肢體部位接住。
- 吹一個泡泡並用不同的肢體部位接住。
- 吹一個泡泡並隨著它的軌跡直到著地。

挑戰 6	孩子跟隨著音樂創造他們自己的泡泡之舞。
學習狀態	自由探索（引導創作）。

介紹拳擊和跳躍之舞

這兩個舞蹈教案以依次的段落呈現，但並不需要以這種形式執行。第一個教案不需要接續第二個，而且也不需要採用整個教案。部分是之前提過的，那時建議對於不同的孩子可以用不同的方式使用教材。對於三歲的孩子不是較「整體性的」（global），拳擊或跳躍的舞蹈經驗就已經足夠。對於四、五歲的教案／段落則要包含兩個經驗。

兩個教案在不同時期的重點包含孩子為創作者和表演者的概念。很重

要的是，老師心中要有怎樣的策略才能夠產生創意和表演重點。就孩子創作他們的舞蹈來說，兩個教案中的第一個包含幾個創作的因素，最主要是產生連結（見第七章）。有時引起連結的組合元素有：

- 在房間內建立兩個「孩子擁有的」空間。
- 在舞蹈的第二部分之前加上靜止不動。
- 第二部分的舞蹈加上聲音。

在表演元素方面，不斷回顧孩子動作語彙和考量延伸，並加深他們如何使用肢體的觀念是必要的。國家舞蹈教師協會（NDTA, 1998: 10）提醒我們：「主要發展學生在創造、表演和欣賞的技巧、知識和理解力，就是對於動作的認識。」

在教案 1 和 2 中，顯然地，老師對於探索拳擊活動心中有三個觀點。這些包括：

- 手和手臂不同部分的清晰度。
- 利用肢體附近的空間。
- 力氣的質感。

選擇這個適當的種類必須了解如何幫助孩子。例如：在利用肢體附近的空間時，需要探索區位和方向；外觀和關節在手和手臂的清晰度很重要；而力氣則有助於保持寬廣的根基，掌控肌肉以免讓拳擊動作離開肢體太遠而失去力氣。提供協助很重要的是要記得動作經驗可以從特定教案脈絡中抽離；在回到教案主題的問題之前，可以給予孩子在肢體、空間或質量領域中不連續的經驗來加強其重要性。

拳擊和跳躍之舞(1)

刺激／主題　拳擊和跳躍動作。

挑戰 1　　　跟著你在教室內跑動，並做出揮拳的動作。

學習狀態　　從老師開始的引導探索。

挑戰 2　　　這次待在一個地方，並尋找不同方式在你周圍對空氣做揮拳的動作。

老師的角色　鼓勵接下來動作的反應作為創造一支拳擊舞的開頭：

- 專注於一個目標在肢體周圍做出揮拳的動作。
- 利用手和手臂不同部位做出揮拳的動作。
- 那麼手肘呢？試試看用它們揮拳。
- 讓你的動作力量愈大愈好。

挑戰 3　　　這次在教室內嘗試跳躍的概念。

學習狀態　　從老師開始的引導探索。

老師的角色　鼓勵接下來動作的反應作為創造一支跳躍舞的幫助：

- 看看你所在的地方再跑到教室的另一個地方。
- 往後看你從哪裡來再跑回原處。
- 這次一路用跳的跳到新的地方。
- 再回來。
- 這次嘗試不只用一種跳躍方式——尋找哪個孩子是可以做出兩種跳躍的方式。

看和說　　　看 A 和 B 的跳躍舞，他們是用哪種方式跳躍？

學習狀態　　鞏固加強和延伸學習。

挑戰 4　　　再次嘗試用跳躍舞的方式從原地到第二個地方，在舞蹈最後做出一個非常特別且靜止的結尾。

看和說　　　老師對一些特別的結尾做評論，並鼓勵所有孩子最後再嘗試一次。

拳擊和跳躍之舞(2)

刺激／主題　拳擊和跳躍動作。

挑戰 1　　　重述跳躍舞的要點。

學習狀態　　鞏固加強。

老師的角色　協助學生記憶跳躍舞的架構，尤其是：

- 從教室的一個地點移動到另一個地點。

- 專注在兩種跳躍。

- 結尾再做出一個靜止的動作。

挑戰 2　　　回顧之前一開始課程所介紹的拳擊舞，並重申想法。

學習狀態　　鞏固加強。

老師的角色　加強表演元素在：

- 在肢體附近做出拳擊的動作。

- 手和手臂不同部位的使用。

- 讓你的動作力量愈大愈好。

- 做出一個拳擊舞特別的結尾。

挑戰 3　　　跳拳擊舞而當你聽到鼓聲就改為跳躍舞。

看和說　　　看兩個孩子完成他們的拳擊和跳躍舞，並討論成功的因素，

　　　　　　如：

- 強力的拳擊。

- 有力的轉換。

- 靜止的結尾。

- 多樣的跳躍。

學習狀態　　每個人都有再嘗試的機會。

 關鍵階段一

我們的冬季之舞

舞蹈點子　　動作語彙和舞句。

老師的角色　請孩子聽接下來的動作語彙。

　　　　　　　　抖，抖，結冰了！

　　　　　　　　抖，抖，結冰了！

　　　　　　　　滴，滴，馬上融化了！

挑戰 1	隨著講出的語彙做動作。
學習狀態	自由探索。
老師的角色	看孩子做動作並一邊給予評論，來幫助他們在即興創作中產生肢體最大的表達能力。
挑戰 2	採用前兩句抖動語句，並將它們變成反覆朗誦的形式。
學習狀態	引導探索（引導創作）。
老師的角色	協助孩子透過動作導向的評論得到清楚的表達能力，例如：

- 有時只有肢體的小部分抖動，有時是全身抖動。
- 凍結是瞬間、急劇的動作。
- 做出相當尖銳且突出的形狀。
- 保持結凍的形狀靜止不動。

挑戰 3	老師重申以上四個「記憶點」，請孩子再做一次抖動語句／舞句。
學習狀態	鞏固加強和延伸學習（徹底理解）。
看和聽	班級一半的孩子表演他們的語句／舞句給另一半看，要求他們要注意已經達到要求的人，並說明其選擇原因。團體互換跳舞和觀賞者的角色。
挑戰 4	第二個動作語句／舞句的即興創作：
	滴，滴，馬上融化了！
學習狀態	自由探索。
老師的角色	請孩子：

- 建議和討論出一些語彙來描述他們的滴下和馬上融化。
- 嘗試用較不尋常的肢體部位做出很短的滴下動作，例如：手肘、膝蓋、頭。
- 做出愈慢愈好的融化動作，直到肢體所有部位都在地上。

學習狀態	引導探索。
挑戰 5	根據所有的語句創作出冬天之舞：
	抖，抖，結冰了！

抖，抖，結冰了！

滴，滴，馬上融化了！

看和聽　　　●孩子分成觀賞和跳舞兩個組別。挑選並評論他們感興趣的
　　　　　　　舞蹈，而這表現出他們對創作的特別觀點。

　　　　　　●孩子提出一個可行的建議，以增進任何他們看過和討論過
　　　　　　　的舞蹈。

挑戰 6　　　孩子跳他們的舞，這次自己也可以伴隨著舞蹈邊說語彙。

我們的冬季之舞：理由、回顧和反思

　　這個舞蹈原先是以正規教育中前兩年的孩子為主，雖然會使用較簡單
且較有選擇性的方法。這個刺激是由老師開始講出來的動作語彙，然後再
來是孩子所說的。此教案是從老師的觀點所寫的。

　　往裡窺探它的整體性，可以發現它著重在孩子跳舞、觀察，和一起談
論時的創造、表演和欣賞角色。關鍵階段一中有一個重要的進步，是希望
孩子的評論可以和老師所設定的輔助指引方針更契合。不但被要求根據他
們所看到成功的結果做評論，還鼓勵他們給一個建議，也許會讓特定的舞
蹈更精采。在他們批判性的評論中引起了優越感的培養。

　　此教案的一小部分分配一些建議和討論，給使用動作語句的孩子。使
用動作詞彙的替代方案就是把語言視為一個出發點。Williams（1991: 29）
利用一個跟搖動、抖動和戰慄類似的動作措詞，來解釋「舞蹈如何被發掘
是一種提升特定課堂中主題的理解力和分享意義的方法」。她強調動作語
句是被挑選在課堂活動之後的附屬品，這些語彙是同時給孩子和老師使用
的。在課堂上，孩子忙於從事關於水的主題，這個活動包含製冰和看著它
融化；使用水龍頭的水填滿蛋杯；在結霜的早晨吊一塊抹布在屋外。接下
來三個語詞的區別，可以被視為和第一章動作架構一樣，在這裡有完整的
引述：

Mark　　　　搖動的幅度較大，而且老師全身都在抖。

| Jenny | 抖動只是肢體的一小部分，類似搖動但幅度較小，如同當你發抖時牙齒或肚子的格格響。 |

有些孩子到外面去看濕抹布，發現它逐漸變僵硬並發表意見：

Adnam	它變得容易碎掉了！
Mark	你可以看見它裡面所有的裂縫和摺痕。
Ben	當它還是濕的時候，只是一團軟趴趴的抹布；現在放在桌子上，它像是石頭一樣尖尖的一塊。

在課堂中，一顆冰塊被放在桌子上漸漸融化。這裡有他們發表的意見：

Paula	冰塊的邊緣變得愈來愈平滑。
Michelle	變成一攤水窪。
James	轉變的過程很慢，而且你可以看著它正在發生。
Clive	它快要擴散到整個桌面了。
Adrian	從一個小小的方塊變成大且平坦的曲線。

Williams（1991：31）的結論為：

> 每個交會都應該根據先前種種情況的交集來評價闡明。舞蹈教案可以被當作是那些不同情況之一，作為一個很好的機會培養孩子個人的某個語言能力，而假如這些機會能包含奠基於先前課堂討論的對話，那麼這些教案可以幫助孩子理解和建立溝通上的技巧。

鐃鈸之舞

刺激／主題　動作和聲音搭檔（sound partners）。
聲音的點子　由老師使用鐃鈸和敲打棒所引起。
動作點子　　肢體：

- 形狀

- 伸展和倒塌

動力：

- 突然

- 緩慢且拖延的

- 輕且溫柔的

空間：

- 層次

- 單點和移位

- 高和低

聽和評論	請孩子注意聽鐃鈸的聲音，並且描述它所發出的聲音和響的次數。
挑戰 1	請孩子開始遊走，並在每段鐃鈸的樂句停下來。
學習狀態	引導探索（引導創作）。
老師的角色	觀察孩子的質感和性質（有可能包含上面的動作點子）。
	選擇三或四個孩子表演他們的動作給其他孩子看，並請他們做評論：
	- 描述他們如何動的語句。
	- 他們移動時的路徑。
	- 他們在每段樂句的結尾做的動作。
挑戰 2	孩子練習用曲線、扭轉形式的移動。
學習狀態	自由探索。
老師的角色	隨著孩子加強表演質感的動作時，做整體和個人的評論。
挑戰 3	再跟著鐃鈸的三段樂句做一次。
學習狀態	鞏固加強。
聽和評論	請孩子注意聽鐃鈸接下來的節奏，敲打六下邊緣和一個強力重擊之後逐漸消退。
挑戰 4	當他們一邊坐著聆聽時，請孩子隨著一系列敲打的聲音吸氣

並向上伸展，當聽到強力敲打鐃鈸的聲音就迅速吐氣。

學習狀態	引導探索。
挑戰 5	在屋內找一個空間，在靠近地板的地方找到一個形狀，也許是他們之前課程所用過的新形狀。 根據節奏慢慢向上伸展，並保持高高舉起的姿態，當最後一聲響起時摧毀或倒塌。
老師的角色	加入口頭適當的鼓勵，除了敲打鐃鈸（不是件簡單的任務！）之外，還有讓孩子多跳幾次樂句／舞句。
學習狀態	引導探索（引導創作和鞏固加強）。
聽和評論	演奏過鐃鈸並討論一些他們所做過的相同和不同處。
挑戰 6	請孩子試試看跳第一段接著第二段樂句／舞句。

鐃鈸之舞：理由、回顧和反思

老師除了提供聲音的伴奏，還必須在教案中做另一個更重要的貢獻。孩子的反應情況取決於老師所創作的樂句組合面向，以及靈敏度高的樂器彈奏。這都需要大量的時間來準備：

- 選擇一個品質非常好的樂器。
- 正確的彈奏。
- 保持一貫重複的樂句。
- 偶爾邊彈奏邊說話。

這不只是像輕敲你的頭和搓磨你的肚子，也必須同時彎曲你的膝蓋！因此，對於沒有先前經驗的老師又選擇使用敲擊作為刺激或伴奏，在上課之前或許需要花一些時間來做測試！這是很大的任務，但卻是一個介紹聲音非常值得的方式：它與音樂課有良好結合，而且一旦孩子自己會跳舞和彈奏打擊樂器，就是時代的先驅。

這是一個冗長的舞蹈經驗，包含六個不同的「挑戰」。它可分成二或三個段落，而且隨著每個段落所花的時間愈來愈多，加強動作語彙的比例

也逐漸增加。記住一些動作點子是很有幫助的，不過得取決於孩子的動作和口頭上的反應，立即改變和修正是必要的。同樣地，每位老師將會有自己想強調的不同動作點子，根據孩子的先前經驗，他們想專注在不同的東西。課堂計畫一開始列出來的動作點子，反映個人在此課程教學的選擇。

讀者將會發現，因為聲音和動作的搭配，較著重在聽和評論而不是觀賞方面。孩子只被要求表演一次他們的舞蹈。另一個發現到的是在挑戰2，老師將部分的舞蹈語句從脈絡中除去。當老師的注意力放在增強孩子的動作詞彙時，主題暫時被擺在一邊。這是一個重要的投入，為了更貼切且廣泛地表達想法，必須慢慢增加語彙。

在課堂的尾聲仍有工作未完成的感覺，這是有目的的。它讓問題（如果有的話）呈現出下一步可能或者應該解決的狀態。主題可以用各種不同的方法延續下去，舉例來說，一些孩子跳第一段樂句／舞句，而其他的跳第二段；它可以進展為搭檔或小組舞蹈或套用在音樂的架構中，有非常多種可能性。

 關鍵階段二

煙火之舞

刺激	煙火。
動作點子	關於孩子所選擇的煙火。有可能包含：

肢體：

- 動作。
- 肢體部位的清晰度。
- 設計。

動力：

- 突然。
- 拖延的。

- 輕而溫柔的。
- 強而有力的。

空間：

- 層次。
- 方向。
- 路徑和型態。

伴隨物	孩子口頭的聲音以及肢體的敲擊。
挑戰 1	用自己的方式嘗試做出「像」煙火一樣的動作。
	選擇嘗試較特別的煙火。
學習狀態	引導探索（即興創作）。
老師的角色	觀察並對全班和孩子個人做評論，幫助他們釐清想表達的。
觀察和討論	孩子討論一些已經表演過的煙火舞蹈，例如：

- 直的和迂迴的路徑。
- 「噴濺散亂」不規則的動作。
- 穩定持續的動作漸趨和緩。

挑戰 2	請孩子選擇其中一個他們一直在做的煙火動作，這次專注在三個階段的呈現：

- 點燃——如何開始。
- 主要的動作——肢體動的方式。

　　　　　　動力。

　　　　　　層次、路徑和型態。

- 煙火結束的方式。

　　　漸消。

　　　爆炸。

學習狀態	鞏固加強（引導加強孩子成為創作者的角色）。
老師的角色	觀察孩子並確定他們是否有需要幫助的——或許根據以下：

- 方向。
- 空中和沿著地板的路徑。

挑戰 3	孩子嘗試跳另一支煙火舞。
	• 不同的動力質感。

挑戰 3　　孩子嘗試跳另一支煙火舞。

學習狀態　　鞏固加強（加強理解和表達能力）。

老師的角色　在適當的時間中斷課程並提醒他們，例如：

• 點燃使肢體活躍起來，並準備開始做動作。

• 確認結尾是明白易懂的。

觀察和討論　將孩子分成兩組——表演組和評論組。請評論組觀賞並給予意見：

• 能清楚地表現出三個狀態的人。

• 煙火型態清晰的人。

• 表現得很有表達動力的人。

評論組和表演組互換。

挑戰 4　　他們的舞蹈伴隨著聲音或肢體所製造的聲音，例如：強調腳的形式、使用肢體敲擊。

學習狀態　　延伸學習（牽涉舞蹈和聲音）。

挑戰 5　　根據以下所指製造煙火二重奏：

老師的角色　引導孩子找一個不同於自己的煙火動作的搭檔來跳舞：

• 第一個人跳他／她的煙火之舞，並在他／她的搭檔附近做結束。

• 就像最後一個火花點燃了第二個人的煙火之舞。

學習狀態　　延伸學習（需要搭檔配合）。

老師的角色　老師觀察、給予個別幫助，並在適當的時機做出決定，例如：

• 開始跳舞的第一位舞者最後結束時只是踏往搭檔附近而已。

• 第一支煙火之舞的結束和另一支的開始之間不可以有隔閡。

挑戰 6　　交換。

煙火之舞：理由、回顧和反思

　　雖然他們所使用的本質和目的會因為不同國家、文化和情況而有所分

歧,但煙火是國際性的東西。這個「表演」被點燃的煙火的類別,可以從花園中小心翼翼握著的仙女棒,到迎接千禧年時成千上萬的煙火。煙火對孩子來說是季節性或節慶的重要事件,它是一件令人興奮而無法忽視的事。因此在許多國家,它成為舞蹈課程中最受歡迎的主題。

第七章裡有許多包含那些從自然和人造的環境中取材而來的舞蹈來源。煙火之舞是這個類別中的一個例子,而且部分原因是因為它和舞蹈創作階段有某種關聯而被選中。這個教案是為了七、八歲孩子所設計的,表示他們能夠掌控舞蹈語彙、口頭聲音、肢體敲擊,以及搭檔或小組之間的關係。這是一套非常困難的挑戰。無論如何,如同教案所寫,有漸層的架構發展直到這些能力全部發揮出來,並相互關聯和發展。老師的角色在這個學習環境中的發展是非常重要的。我的同事、學生和我本身都嘗試且試驗過這些動作點子,然而,它們只代表許多選擇中的一部分。創作架構從三個煙火狀態本質形成和發展而來,那就是點燃、主要動作和結束。在這個階段,孩子不論是透過參與或觀賞,都會意識到這些不同的階段,但是如同泡泡之舞,有關煙火的舞蹈最好結合季節性活動和當前的經驗。

教案有了先前個人動作創造加入的幫助,以搭檔舞蹈的概念作為結束。然而,它不一定要擺在最後。搭檔的概念可以延伸為小組的創意舞蹈,或一堂甚至是從團體舞蹈開始的課程。都在於孩子與老師的先前經驗以及和其他課程領域的結合,並掌握某個時刻的機會,例如:生日派對。

我可以做得比你好

刺激	孩子喜歡跟自己和別人比賽。
伴隨物	Weinberg 的 Schwanda the Bagpiper。
	一首有八個小節樂句的音樂。
動作點子	肢體:
	● 動作。
	關係:
	● 單獨。

- 三人。

挑戰 1	隨著音樂作即興演出。
學習狀態	自由探索。
老師的角色	留意孩子許多不同的舞蹈動作，並使用在下一個課堂的部分。
觀察和鑑定	孩子利用：

- 不同的跳躍方式。
- 不同的步伐。
- 不同的姿勢。

挑戰 2	創造連續的步伐、姿勢和跳躍，確保有明確的出發點、事件的順序和結尾。
學習狀態	引導探索（引導創作）。
老師的角色	透過以下的指引適當鼓勵個別舞蹈：

- 包含不同長度的三個動作。
- 每次都從屋內同一地點開始，走同樣的路線到你結束的地方。
- 注意三個動作之間的轉折點。
- 在結束時注意你附近的兩個人。

挑戰 3	和兩個距離他們最近的人，在一個地點嘗試較有活力、輕快或特技的活動。 決定一個他們都喜歡的活動。
學習狀態	引導探索。
老師的角色	在房間內移動，確認三人舞已建立，且可以符合設定的任務。
看和討論	孩子看幾組三人舞，並指明所跳的是哪些種類的活動。
挑戰 4	利用第 5、6、7 和 8 樂句，請孩子去了解競賽的步驟。 **注意（NB）此教案的目的，跳躍是活動。** 第一位舞者跳他／她的跳躍順序（樂句 5）。 第二位舞者根據第一位舞者的順序，並試著將它改為更複雜、更困難與更有趣舞步（樂句 6）。

第三位舞者試著將原先的順序更複雜化，或是改變為不同的方式（樂句7）。

三位舞者有活力且明確地跳出他們自己的版本（樂句8）。

學習狀態　引導探索（引導團體舞蹈創作）。

老師的角色　協助個別團體，並在適當的間隔時間說明以下的建議：

- 闡明複雜的本質，例如，跳躍的速度是否有加快、是否包含旋轉、達到更高的高度嗎？
- 當其他人在跳舞時，設法加入他們的舞蹈。
- 當三個人為了「勝過」（out-shine）其他人時，都在盡全力跳他們的版本，而將結尾的舞蹈發展至最高潮。

挑戰5　　將兩部分的舞蹈結合：

- 從自己的空間開始再移動至三人舞。
- 將一個轉折變為三人舞。

學習狀態　延伸學習。

觀察和討論　目標為：

- 選擇成功的舞蹈，並說明原因。
- 給予重要的提示，並解釋他們的目的。

老師的角色　播放音樂讓孩子聽。

請孩子「由內思考」（think inside）他們的舞蹈。

提醒孩子舞蹈的主題。

挑戰6　　這次再跳一次舞蹈，盡可能全神貫注於表演上。

我可以做得比你好：理由、回顧和反思

這個年齡的孩子喜歡和自己比賽，也喜歡和朋友比賽，這種舞蹈用一種趣味性方式培養進入競爭的情境，當然沒有所謂的贏家和輸家。競爭的元素是在於根據以前所做過的為基礎，做一些不尋常、更刺激與更繁複的事。Vygotsky 闡述孩子的注意力可以說都放在下一個要達成的階段，不管是在創意還是表演方面。

音樂曲目 Schwanda the Bagpiper 對這個舞蹈是很棒的刺激和伴奏。它的樂句具有快速、生命力的情緒和增強的氣勢，這與漸增的狂熱動作一致是非常受到讚賞的。它相當短且「可唱」。還有許多有類似特質的音樂可以聽！

這個舞蹈的狀況是非常吃力的，因為三人舞需要大量的討論，去建立孩子自己的舞蹈架構。大約八歲的孩子就能夠以別人的觀點看待事物，而且他們可以掌握給和拿的概念是這裡需要具備的。他們會享受挑戰的樂趣，雖然言語上的你來我往也許會有點吵雜，而且老師必須特別積極發現孩子的需求，並給予幫助。

當他們成為欣賞者的角色來看同儕的反應，他們批評的能力似乎較詳細且有理智。他們可以說出成功的理由，以及有助於讓情況變得更好的建議。對於表演的準備，一邊播放音樂，特別是當老師提醒他們舞蹈的主題時，他們能夠在心裡進行舞蹈排練。

小結——或出發點

幼兒成為創作者、表演者和觀賞者的舞蹈經驗，一定和專業的舞蹈有一些共同點，但是他們要了解關於一個聲音教育的架構，這是需要被引導的。

形成環狀的循環，並且用世界專業的舞蹈將世界的孩子連結起來，一位美國現代舞者 Judith Jamison 評論道：

> 我是唯一的！任何人都是唯一的！這就是為什麼不一樣的人就會有不一樣的步伐。

結論

　　動作是重要的！多數大人都知道且盡力在孩子選擇的活動上幫助他們。我們認為，動作是幼兒教育中重要的部分，正通往此旅程的路上，並且將它視為在幼兒學習過程中一種可以尊崇和尊敬的貢獻。但是我們還在繼續努力，現在有三件事需要考量。

　　第一，幼教實務工作者發揮他們所能，在教學環境中確保動作和舞蹈與其他的活動有均衡的搭配。第二，世界各地的動作和舞蹈實務工作者分享他們的實務經驗，關於記錄孩子和童年玩伴在動作或是透過動作面向的學習觀察。第三，研究者和理論家運用實務工作者的成果，繼續深入基於幼教與保育的優良實務原則。當這段對話發生在一般且有系統的基礎上，動作和舞蹈必定將會有其正當的地位，那麼在幼教脈絡中，動作將會「被視為重要的事」。

A Puffin Quartet of Poets (1958) E. Graham (ed.). Harmondsworth: Penguin Books.

Allen, R., Lilley, T. and G. Smith (2000) 'Creative expression', in R. Drury, L. Miller and R. Campbell (eds), *Looking at Early Years Education and Care*. London: David Fulton.

Arnold, P.J. (1988) *Education, Movement and the Curriculum*. London: The Falmer Press.

Athey, C. (1990) *Extending Thought in Young Children: A Parent–Teacher Partnership*. London: Paul Chapman Publishing.

Ball, C. (1994) *Start Right: The Importance of Early Learning*. London: RSA.

Bartenieff, I. with Lewis, D. (1980) *Body Movement: Coping With the Environment*. New York: Gordon and Breach Science.

Bartholomew, L. and Bruce, T. (1993) *Getting To Know You: A Guide to Record-keeping in Early Childhood Education and Care*. London: Hodder and Stoughton.

Bissex, G. (1980) *A Child Learns to Write and Read*. Cambridge MA: Harvard University Press.

Blakemore, C. (1998) 'Experiments worth repeating'. *Nursery World*, 24 September.

Blakemore, S.J. (2000) *POST Report Early Years Education*. London: The Parliamentary Office of Science and Technology.

Bloomfield, A. with Childs, J. (2000) *Teaching Integrated Arts in the Primary School*. London: David Fulton.

Boorman, J. (1969) *Creative Dance in the First Three Grades*. Canada: Longmans Canada.

Boorman, J. (1991a) 'The right and wrong curtsey', Sheila Stanley Memorial Address. Canada.

Boorman, J. (1991b) 'She's just pulled the blanket over her face: the essential role of the creative arts in early childhood', in L. Young Overby (ed.), *Early*

Childhood Creative Arts. American Alliance for Health, Physical Education, Recreation and Dance, pp. 14–25.

Boorman, J. (1991c) *The Colour Goblins and the Golden Cradle: music, language and dance for children four to eight years.* Edmonton: University of Alberta Publication Services.

Boorman, P. (1987) 'The contributions of physical activity to development in the early years', in G. Blenkin and V. Kelly (eds), *Early Childhood Education.* London: Paul Chapman Publishing.

Borton, H. (1963) *Do You Move as I Do?* London: Abelard-Schuman.

Brearley, M. (ed.) (1969) *Fundamentals in the First School.* Oxford: Blackwell.

Brierley, J. (1987) *Give Me a Child until He Is Seven.* London: The Falmer Press.

Brown, D. (1994) 'Play, the playground and the culture of children', in J. Moyles (ed.), *The Excellence of Play.* Milton Keynes: Open University Press.

Bruce, T. (1987) *Early Childhood Education.* London: Hodder and Stoughton.

Bruce, T. (1991) *Time to Play in Early Childhood Education.* London: Hodder and Stoughton.

Bruce, T. (1996) *Helping Young Children to Play.* London: Hodder and Stoughton.

Bruce, T. (1997) *Early Childhood Education* (2nd edn). London: Hodder and Stoughton.

Bruce, T. (2002) *Learning through Play: Babies, Toddlers and the Foundation Years.* London: Hodder and Stoughton.

Bruce, T. and Meggitt, C. (2002) *Childcare and Education.* (3rd edn) London: Hodder and Stoughton.

Bruner, J. (1968) *Towards a Theory of Instruction.* Cambridge, MA: Harvard University Press.

Calvin, W. (1997) *How Brains Think.* London: Weidenfeld and Nicholson.

Carnegie Corporation (1994) *Starting Points: Meeting the Needs of our Youngest Children.* New York: Carnegie Corporation.

Carter, R. (1998) *Mapping the Mind.* London: Orion.

David, T. (ed.) (1999) *Young Children Learning.* London: Paul Chapman Publishing.

Davies, M. (1976) 'An investigation into movement related to some aspects of cognitive development in young children'. PhD dissertation, University of London.

Davies, M. (1994) 'Good practice in dance' in *Dance Matters.* Spring, N. Carpenter, J. Meiners and J. Newman (eds). London: NDTA.

DES (1989) *Aspects of Primary Education: The Education of Children Under Five.* London: HMSO.

DES (1990) *Starting With Quality: The Report of Inquiry into the Quality of the Educational Experience Offered to 3 and 4 Year Olds*. London: HMSO.

DES (1992) *Physical Education in the National Curriculum*. London: HMSO.

DfEE and QCA (1999) *The National Curriculum: Handbook for Primary Teachers in England Key Stages 1 and 2*. London: HMSO.

Donaldson, M. (1978) *Children's Minds*. London: Fontana.

Dowling, M. (2000) *Young Children's Personal, Social and Emotional Development*. London: Paul Chapman Publishing.

Drummond, M.J. (1993) *Assessing Children's Learning*. London: David Fulton.

Edgington, M. (Lally, M.) (1998) *The Nursery Teacher in Action*. London: Paul Chapman Publishing.

Fisher, J. (1996) *Starting from the Child: Teaching and Learning from 4 to 8*. Buckingham: Open University Press.

Flemming, G. (1973) *Children's Dance*. Washington: American Association for Health, Physical Education and Recreation.

Gallahue, D. (1982) *Developmental Experiences for Children*. New York: Macmillan.

Gallahue, D. (1989) *Understanding Motor Development: Infants, Children, Adolescents*. Dubuque, IA: Brown and Benchmark (printers).

Gerhardt, L. (1973) *Moving and Knowing: The Young Child Orients Himself in Space*. Englewood Cliffs, NJ: Prentice-Hall.

Gopnik, A., Molzoff, A. and Kuhl, P. (1999) 'How babies think', in A. Gopnik, A. Molzaff and P. Kuhl, *The Science of Childhood*. London: Weidenfeld and Nicolson.

Gough, M. (1993) *In Touch with Dance*. Lancaster: Whitethorn Books.

Green Gilbert, A. (1992) *Creative Dance for All Ages*. Reston: The American Alliance for Health, Physical Education, Recreation and Dance.

Groves, L. (1989) 'Children with special needs', in A. Williams (ed.), *Issues in Physical Education for the Primary Years*. Lewes: Falmer Press.

Harlow, M. and Rolfe, L. (1992) *Let's Dance: A Handbook for Teachers*. London: BBC Educational.

Hawkins, A. (1964) *Creating through Dance*. Englewood Cliffs, NJ: Prentice-Hall.

Hinkley, C. (1980) *Creativity in Dance*. Australia: Sydney: Alternative Publishing Co-operative.

Hodgson, J. (2001) *Mastering Movement*. London: Methuen.

Holm, H. (1980) 'Hanya speaks', in J. Morrison Brown (ed.), *The Vision of Modern Dance*. London: Dance Books.

Hurst, V. (1994) 'Observing play in early childhood', in J. Moyles (ed.), *The Excellence of Play.* Milton Keynes: Open University Press.

Hutt, J.S., Tyler, S., Hutt, C. and Christopherson, H. (1988) *Play, Exploration and Learning: A Natural History of the Pre-school.* London: Routledge.

Ives, S.W. (1984) 'The development of expressivity in drawing', *British Journal of Educational Psychology*, 54: 152–9.

Jackson, L. (1993) *Childsplay: Movement Games for Fun and Fitness.* London: Thorsons.

Jamison, J. with Kaplan, H. (1993) *Dancing Spirit: An Autobiography.* New York: Doubleday.

Karstadt, L. and Medd, J. (2000) 'Children in the family and society', in R. Drury, L. Miller and R. Miller (eds), *Looking at Early Years Education and Care.* London: David Fulton.

Katz, L. and Chard, S. (1989) *Engaging Children's Minds. The Project Approach.* Norwood, NJ: Ablex.

Killingbeck, M. (1993) 'Participation – its relevance for appreciation'. M.Phil. dissertation, University of DeMontfort, Leicestershire.

Laban, R. (1948) *Modern Educational Dance.* London: MacDonald and Evans.

Laban, R. (1966) *Choreutics.* London: MacDonald and Evans.

Laban, R. (1980) *The Mastery of Movement.* (4th edn) London: MacDonald and Evans.

Laban, R. and Lawrence, F. (1947) *Effort.* London: MacDonald and Evans.

Lally, M. (1991) *The Nursery Teacher in Action.* London: Paul Chapman Publishing.

Lamb, W. (1965) *Posture and Gesture.* London: Gerald Duckworth.

Linfield, R. and Warwick, P. (1996) 'Assessment in the Early Years', in D. Whitebread (ed.), *Teaching and Learning in the Early Years.* London: Routledge.

Lowden, M. (1989) *Dancing to Learn.* London: Falmer Press.

Magill, R. (1998) *Motor Learning: Concepts and Applications.* New York: McGraw-Hill (International Edition).

Matthews, J. (1994) *Helping Children to Draw and Paint in Early Childhood.* London: Hodder and Stoughton.

Matthews, J. (2002) *Helping Children to Draw and Paint in Early Childhood* (2nd edn). London: Paul Chapman Publishing.

Maude, P. (1996) 'How do I do this better? From movement development into early years physical education', in D. Whitebread (ed.), *Teaching and Learning in the Early Years* (reprinted 2001). London: RoutledgeFalmer.

McPherson, B.D., Curtis, J.E. and Loy, J.W. (1989) *The Social Significance of Sport.* Champaign, Ill.: Human Kinetics Books.

Meadows, S. and Cashdan, A. (1988) *Helping Children Learn.* London: David Fulton.

Melville-Thomas, R. (1993) 'Moving, growing, learning: body movement behaviour in the development of the whole child', in *Focus on Dance Movement Therapy. Journal Two.* London: daCi UK.

Mosston, M. and Ashworth, S. (1994) *Teaching Physical Education.* New York: Macmillan College.

Moyles, J. (ed.) (1994) *The Excellence of Play.* Milton Keynes: Open University Press.

NAEYC (1992) *Developmentally Appropriate Practice in Early Childhood Programs. Serving: Children from Birth through 8* (2nd edn). Washington D.C.: National Association for the Education of Young Children.

NDTA (1998) *video: Teaching Dance in the Primary School.* London: NDTA with the support of the Arts Council.

Neisser, U. (1976) *Cognition and Reality.* San Francisco: W.H. Freeman.

Nielsen, L. (1992) *Space and Self.* Copenhagen: Sikon.

North, M. (1972) *Personality Assessment through Movement.* London: MacDonald and Evans.

Nutbrown, C. (1994) *Threads of Thinking.* London: Paul Chapman Publishing.

Peter, M. (1997) *Making Dance Special.* London: David Fulton.

Petricevic, B. (1991) 'Dance creativity and dance theatre', in S.W. Stinson (ed.), *Proceedings of the 1991 Conference of Dance and the Child.* Salt Lake City, UT: University of Utah.

Piaget, J. (1953) *The Origin of Intelligence in the Child.* London: Routledge and Kegan Paul.

Piaget, J. (1971) *Science of Education and the Psychology of the Child.* London: Longman.

Preston, V. (1963) *A Handbook for Modern Educational Dance.* London: MacDonald and Evans.

Preston-Dunlop, V. (1998) *Rudolf Laban: An Extraordinary Life.* London: Dance Books.

Pugh, G. and De'Ath, E. (1984) *The Needs of Parents.* London: Macmillan.

QCA (2000) *Curriculum Guidance for the Foundation Stage.* London: QCA.

QCA and DfEE (2000) *Physical Education: Teacher's Guide. Physical Education at Key Stages 1 and 2.* London: QCA.

Redfern, H.B. (1973) *Concepts in Modern Educational Dance.* London: Henry

Kimpton.

Roberts, M. and Tamburrini, J. (eds) (1981) *Child Development 0–5*. Edinburgh: Holmes McDougall.

Roberts, R. (2002) *Self Esteem and Early Learning*. London: Paul Chapman Publishing.

Roberton, M. and Halverson, L. (1984) *Developing Children – Their Changing Movement*. Philadelphia, PA: Lea and Febiger.

Rolfe, L. and Harlow, M. (1992) *Let's Dance: A Handbook for Teachers*. London: BBC Enterprises.

Russell, J. (1965) *Creative Dance in the Primary School*. London: MacDonald and Evans.

Schaffer, H. (1996) *Social Development*. Oxford: Blackwell.

Sherborne, V. (1990) *Developmental Movement for Children*. Cambridge: Cambridge University Press.

Singer, G. and Singer, J. (1990) *The House of Make Believe*. London: Harvard University Press.

Smith-Autard, J.M. (1994) *The Art of Dance in Education*. London: A. and C. Black.

Stinson, S.W. (1988) *Dance for Young Children: Finding the Magic in Movement*. Reston, VA: American Alliance for Health, Physical Education, Recreation and Dance.

Swanwick, K. (1982) 'The arts in education: dreaming or awake?' Special professorial lecture presented at the University of London, Institute of Education.

Thomas, J., Lee, A. and Thomas, K. (1988) *Physical Education for Children: Concepts into Practice*. Champaign Ill.: Human Kinetic Books.

Vygotsky, L.S. (1978) *Mind In Society: The Development of Higher Psychological Processes*. London: Harvard University Press.

Vygotsky, L.S. (1986) *Thought and Language*. London: MIT Press.

Wetton, P. (1988) *Physical Education in the Nursery and Infant School*. London: Croom Helm.

Whalley, M. (1994) *Learning to Be Strong: Setting Up a Neighbourhood Service for Under Fives and their Families*. London: Hodder and Stoughton.

Whitebread, D. (ed.) (1996) *Teaching and Learning in the Early Years*. London: Routledge. Reprinted (2001) RoutledgeFalmer.

Whitehead, M. (1990) *Language and Literacy in the Early Years*. London: Paul Chapman Publishing.

Whitehead, M. (2002) *Language and Literacy in the Early Years*. (2nd edn). London: Paul Chapman Publishing.

Williams, G. (1988) 'An attempt to define criteria for the effective teaching of dance in the primary school'. MA dissertation, University of Surrey.

Williams, G. (1991) 'Shaking, shivering and shuddering', in *Focus on Education. Journal One*. London: daCi UK.

Zaichkowsky, L.D., Zaichkowsky, L.B. and Martinek, T.J. (1980) *The Child and Physical Activity*. St Louis, MO: Mosby.

附錄一　Davies 動作理論架構

主要類別 （main category）	從屬類別 （sub categories）	深層要素 （further divisions）	例子 （examples）
肢體 （body） 〔什麼在動？ （What takes place?）〕	行動 （Action）	移動行進 （travelling）	爬（crawling）、踏（stepping）、跑（running）、攀（climbing）、滑（sliding）、平衡（balancing）
		重心運用與轉移 （weight taking and transference）	搖擺（rocking）、翻滾（rolling）、翻跟斗（tumbling）、擺盪（swinging）、倒立（handstanding）、大車輪翻（cartwheeling）
		飛躍 （flight）	單腳跳（hopping）、雙腳跳（jumping）、大跳（leaping）、跳越（vaulting）
		操作 （handling）	踢（kicking）、投擲（throwing）、接（catching）、打（hitting）、滾（rolling）
	設計 （design）	對稱（symmetry）	
		不對稱（asymmetry）	
	清晰度 （articulation）	帶領肢體部位的動作 （parts leading the movement）	
		強調肢體部位的動作 （parts highlighting the movement）	
		限制肢體部位的動作 （parts limiting the movement）	

（下頁續）

	形狀 （shape）	長而延伸的 （long and stretched）	
		寬而延伸的 （wide and stretched）	
		弧形的（curved）	
		扭曲（twisted）	
	流暢 （fluency）	連續依次的（successive）	
		同時發生的（simultaneous）	
動力 （dynamics） 〔如何做動作？ （How movement takes place?）〕	重心 （weight）	強壯的（strong）、 穩固的（firm）	
		輕輕的（light）、 溫和的（dentle）	
	空間 （space） 〔質性的（qualitative）〕	直線的（straight）、 直接的（direct）	
		可變通的（flexible）、 起伏的（wavy）	
	時間 （time）	快的（quick）、 突然的（sudden）	
		慢的（slow）、 持續的（sustained）	
	力流 （flow）	控制的（controlled）、 收斂的（bound）	
		不間斷的（ongoing）、 自由的（free）	
空間 （space） 〔動作發生的媒介 （The medium in which movement takes place）〕	尺寸 （size）	大的（big）	
		小的（little）	
	區位 （zone）	在前面的（in front）	
		在背後的（behind）	
		在旁邊的（to the side）	
		上面的（above）	
		下面的（below）	
	伸展 （extension）	近的（near）	
		遠的（far）	

（下頁續）

	水平 （level）	高的（high）	
		低的（low）	
	方向 （direction）	向前的（forwards）	
		向後的（backwards）	
		向旁邊的（sideways）	
		向上的（upwards）	
		向下的（downwards）	
	路徑和樣式型態 （空中與地面） （pathways and patterns）	筆直的（straight）	
		之字形的（zigzag）	
		弧形的（curved）	
		扭曲形的（twisted）	
關係 （relationships） 〔行進中的肢體與其他關聯性 （The moving body interrelates）〕	肢體與自己的關係 （the body relates to itself）	肢體一半和另一半的運用 （one half with the other half）	
		肢體各部位的聚合運用 （body parts meeting）	
		肢體各部位的分別運用 （body parts parting）	
		肢體各部位保持接觸關係 （body parts staying in contact）	
	肢體與物體的關係 （the body relates to objects）	用手操作的（handling）	
		可巧妙移動的（manoeuvring）	
		穿戴的（wearing）	
	肢體與他人的關係 （the body relates to other people）	並排的（alongside）	
		一模一樣的（doing the same）	
		複製的（copying）	
		帶領的（leading）	
		跟隨的（following）	
		合作的（co-operating）	
		競爭的（competing against）	

取自 Davies, M. (2003). *Movement and dance in early childhood* (2nd ed.). London: Paul Chapman Publishing. 劉淑英翻譯整理。

階段	學校與年級	年齡
基礎階段一	托兒保育機構	三～四歲
基礎階段二	幼兒學校	四～五歲
關鍵階段一	小學第一年	五～六歲
	小學第二年	六～七歲
關鍵階段二	小學第三年	七～八歲
	小學第四年	八～九歲
	小學第五年	九～十歲
	小學第六年	十～十一歲

國家圖書館出版品預行編目資料

幼兒動作與舞蹈教育／Mollie Davies 著；

劉淑英譯.--初版.--臺北市：心理，2009.12

面； 公分. --（幼兒教育系列；51134）

譯自：Movement and dance in early childhood

ISBN 978-986-191-319-3（平裝）

1.舞蹈教育　2.學前教育

523.23　　　　　　　　　　　98020827

幼兒教育系列 51134

幼兒動作與舞蹈教育

作　　者：Mollie Davies

譯　　者：劉淑英

執行編輯：高碧嶸

總 編 輯：林敬堯

發 行 人：洪有義

出 版 者：心理出版社股份有限公司

地　　址：台北市大安區和平東路一段 180 號 7 樓

電　　話：(02) 23671490

傳　　真：(02) 23671457

郵撥帳號：19293172　心理出版社股份有限公司

網　　址：http://www.psy.com.tw

電子信箱：psychoco@ms15.hinet.net

駐美代表：Lisa Wu（Tel：973 546-5845）

排 版 者：臻圓打字印刷有限公司

印 刷 者：正恒實業有限公司

初版一刷：2009 年 12 月

初版二刷：2014 年 8 月

Ｉ Ｓ Ｂ Ｎ：978-986-191-319-3

定　　價：新台幣 270 元

【本書獲有原出版者全球繁體中文版出版發行獨家授權】

本書獲國立台灣藝術教育館之部分經費補助出版